国家级职业教育规划教材

全国中等职业技术学校饭店服务专业教材

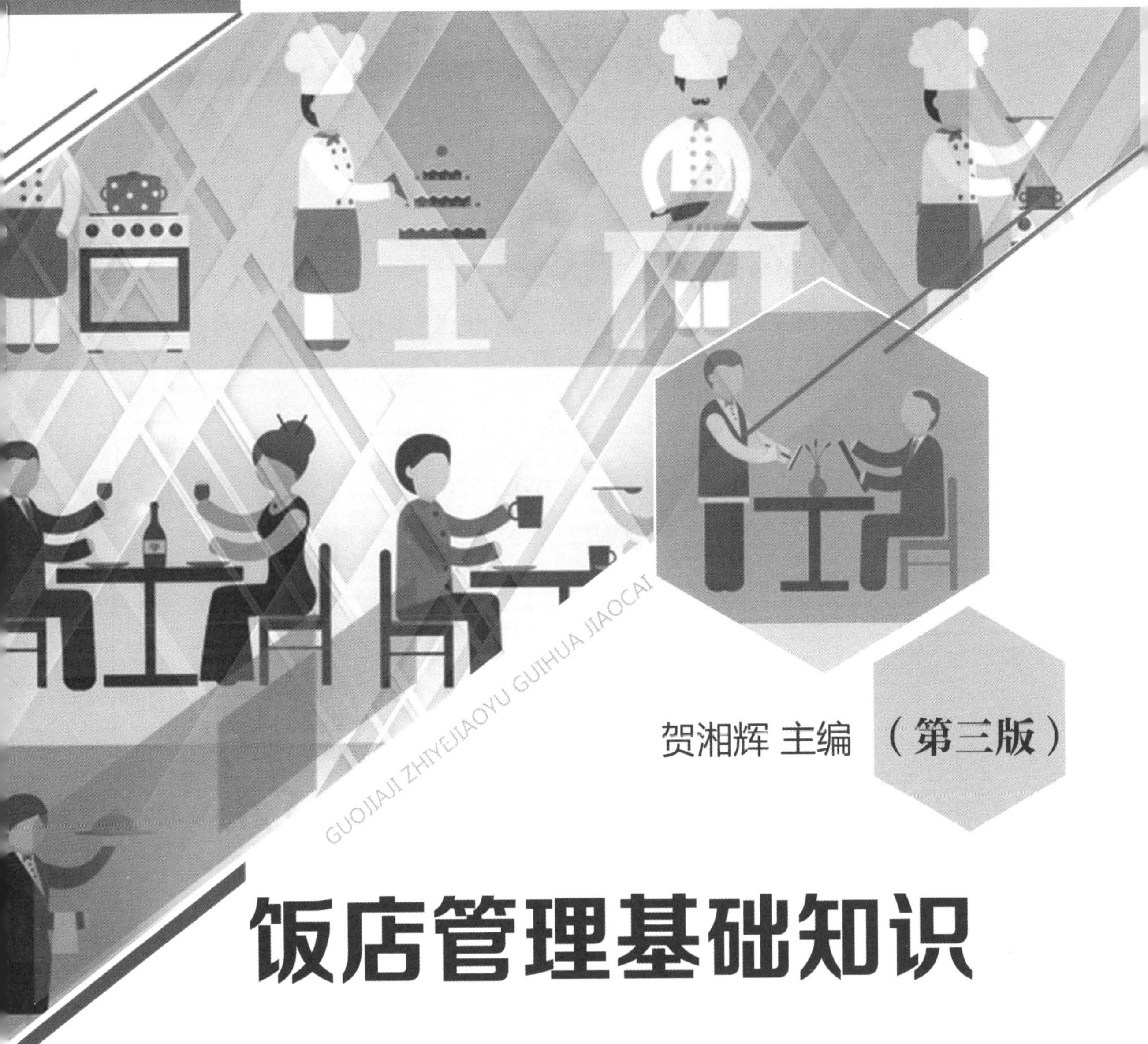

GUOJIAJI ZHIYEJIAOYU GUIHUA JIAOCAI

贺湘辉 主编

（第三版）

饭店管理基础知识

人力资源社会保障部教材办公室 组织编写

U0899532

简介

本教材从饭店概述入手，介绍了饭店管理基础理论，并对饭店组织管理与文化建设、饭店主要业务部门管理、饭店营销管理与公关管理、饭店人力资源管理、饭店服务质量管理等内容进行了阐述。本教材实用性强、表现形式丰富，适于中等职业技术学校教学使用。

本教材由贺湘辉主编，詹娜参与编写，彭淑清主审。

图书在版编目（CIP）数据

饭店管理基础知识 / 贺湘辉主编. —3版. —北京：中国劳动社会保障出版社，2016

全国中等职业技术学校饭店服务专业教材

ISBN 978-7-5167-2560-3

Ⅰ.①饭… Ⅱ.①贺… Ⅲ.①饭店 – 企业管理 – 中等专业学校 – 教材 Ⅳ.①F719.2

中国版本图书馆CIP数据核字（2016）第140298号

中国劳动社会保障出版社出版发行

（北京市惠新东街 1 号 邮政编码：100029）

*

三河市华骏印务包装有限公司印刷装订 新华书店经销

787 毫米 ×1092 毫米 16 开本 10 印张 175 千字

2016 年 6 月第 3 版 2024 年 5 月第 12 次印刷

定价：20.00 元

营销中心电话：400-606-6496

出版社网址：http://www.class.com.cn

http://jg.class.com.cn

Preface 前言

全国中等职业技术学校饭店服务专业教材自出版至今已有二十年，在此期间，我们密切关注行业的发展以及职业学校教学需求的变化，先后对教材进行了两次修订和增补开发，使得教材内容不断更新，体系逐步完善。

在新一轮的教材修订工作中，我们收集饭店企业对于技能型人才的具体要求以及学校使用教材的反馈意见，组织骨干教师与行业、企业的专家进行充分研讨，确定重点做好以下几方面工作：

◆更新教材内容　根据饭店企业的发展变化，补充有关饭店管理的最新理念，以及在线预订、智能系统等互联网时代出现的新方法、新技术，更新与饭店及旅游相关的人文信息，使教材内容更加具有前瞻性。进一步加大技能训练的比重，在前厅服务、客房服务、餐厅服务、康乐服务等主要技能课教材中，更多地加入实践案例和操作指导，有助于学校开展一体化教学。同时，将职业道德、服务意识、礼仪规范等有机融入到教学内容、课堂问答、课后训练等各环节中，以加强对学生职业素质的培养。

◆提升教材表现力　通过设置“案例分析”“知识链接”“服务提示”等不同栏目，增加教材的亲和力，激发学生的学习兴趣。同时，尽可能多地以图表代替冗长的文字叙述，使教材更加生动直观，易于学习。

◆加强立体化资源建设　将习题册修订与教材修订同步进行，同时补充开发配套的电子课件。习题册答案及电子课件可登陆 www.class.com.cn，搜索相应的书目，在相关资源中下载。

本套教材的编写得到了有关省市人力资源和社会保障部门以及一批中等职业技术学校的大力支持，教材的编审人员做了大量的工作，在此，我们表示衷心的感谢！同时，恳切希望广大读者对教材提出宝贵的意见和建议。

人力资源社会保障部教材办公室

Contents 目录

第一章 饭店概述

饭店是在传统的住宿接待设施基础上发展起来的，是由客房、餐厅、宴会厅、多功能厅、酒吧、歌舞厅、商务中心、美容美发厅、健身房、游泳池、网球场等组成，能够满足顾客吃、住、行、游、购、娱、通信、商务、健身等各种需求的多功能、综合性建筑设施，它与旅行社、旅游交通一起被称为旅游业的三大支柱，在现代旅游业中扮演着重要的角色。

学习目标

- ☆掌握饭店的概念及饭店产品的构成。
- ☆了解饭店业的产生与发展过程。
- ☆熟悉饭店的类型与等级。
- ☆了解饭店的结构、功能和布局。

第一节　饭店与饭店产品

一、饭店的概念

饭店（Hotel）一词来源于法语，原指富商、官宦及其他知名人士在城里款待宾朋的豪宅。

法国大革命期间，许多私人住宅改成了商业性的食宿设施，Hotel 便有了饭店的含义。在 18 世纪末 19 世纪初，Hotel 一词被英美国家普遍接受并沿用至今。

根据饭店的功能和特性，国外的一些权威辞典对饭店下过这样一些定义：

饭店是装备好的公共住宿设施，它一般都提供膳食、酒类与饮料，以及其他的服务。

——《美利坚百科全书》

饭店是在商业性的基础上向公众提供住宿，也往往提供膳食的建筑物。

——《大不列颠百科全书》

饭店是提供住宿，也经常提供膳食与某些其他服务的设施，以接待外出旅游者和非永久性居住的人。

——《韦伯斯特美国英语新世界辞典》

由以上论述可见，饭店就是以有形的空间、设备、产品和无形的服务，为游客提供食、住、行、娱、购等方面综合服务的场所。

知识链接

饭店在我国有多种称谓，如饭店、宾馆、旅馆、大厦、旅社、度假村等。

港澳、广东一带习惯性称其为“酒店”，江浙沪地区常常以“宾馆”表示高级饭店，而北方地区则多称“饭店”。

二、饭店产品的构成和特点

饭店产品作为一种商品，有其存在的基础，即饭店产品消费者和饭店产品生产者双方需求的满足和利益的实现。

1．饭店产品的构成

饭店产品，从顾客的角度讲，是一段住宿经历。它是以满足顾客多层次消费需求为特征，提供多种实物产品和劳务服务的综合性产品，包括核心产品、外形产品和延伸产品三个部分，如图1—1所示。

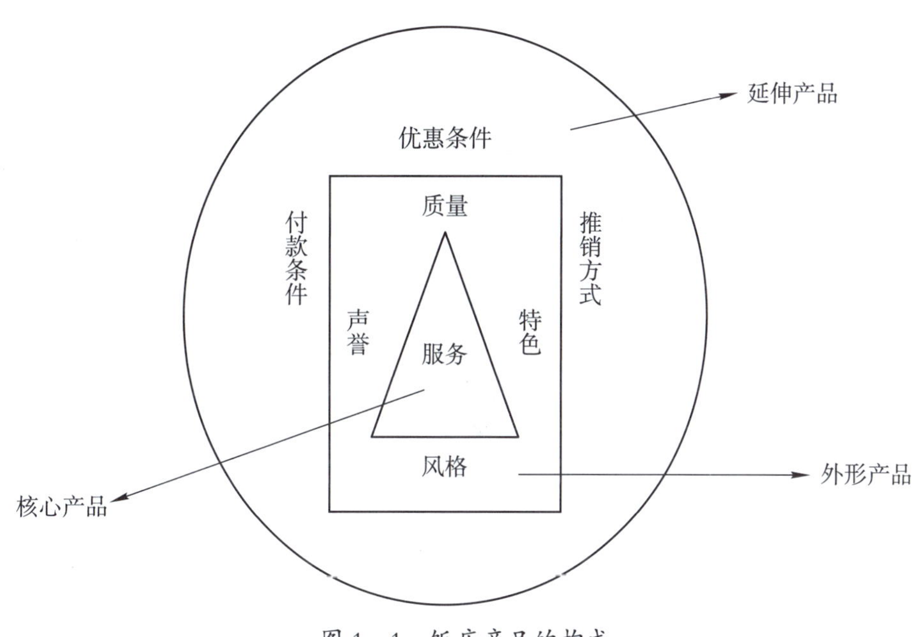

图1—1 饭店产品的构成

（1）核心产品

核心产品指饭店产品中能满足顾客需要的基本效用和利益的那部分产品，主要包括住宿、饮食、康乐、购物等。它代表了顾客消费饭店产品所能获得的最基本的利益，是满足顾客需要的核心内容，是顾客所要购买的实质性的价值。例如，顾客购买客房产品的核心目的是满足自己在旅居期间休息、享受或维护自身隐私权的需要。

饭店核心产品通过服务人员所做的接待服务、疑难解答、清洁卫生、环境美化等日常工作展现出来，可以体现出服务人员本身所具有的良好的服务知识、服务态度和服务技能等，这些是饭店产品的核心内容。

（2）外形产品

外形产品指饭店产品中的质量、特色、风格、声誉、建筑等可展现的部分，主要是指饭店的地理位置、建筑特色、环境氛围、服务质量、服务风格等，既是饭店产品中最为直观的部分，也是一家饭店产品区别于其他饭店产品的根本特色所在。

如图 1—2 所示的这家饭店，四周风景绝佳，背靠密林，面向大海，设计师有意识地把一部分客房伸进郁郁葱葱的密林中去，使建筑与自然融为一体。一层层的挑廊和阳台是观赏风景的好地方，又使室内外空间互相渗透。客房主楼设在紧靠海岸线的陡壁上，形成建筑与峭壁浑然一体的景观，人工美与自然美交织，既保留了环境的自然美，也丰富了建筑的人工美。

图 1—2　外形具有特色的饭店

（3）延伸产品

延伸产品指顾客在购买饭店产品时得到的附加利益的总和。如饭店为宾客提供的优惠条件、针对性服务、价格折扣、超常规服务等。延伸产品使饭店产品更加完整，而且也增强了饭店的吸引力。

饭店产品的这三个构成部分密切结合，一般通过外形产品体现核心产品，以延伸产品完善外形产品，从而更好地体现核心产品。

2．饭店产品的特点

饭店产品与一般商品比较，具有以下特点：

（1）生产与消费同步

一般商品要经过生产到消费的商业流通环节才能到达顾客手中。商品的生产过程与顾客的消费过程是分离的，顾客看到的和感受到的只是最终产品。而饭店出售的产品却不存在这样“独立”的生产过程，它要受顾客即时需要的制约，其生产过程和消费过程几乎是同步进行的。只有当顾客购买并在现场消费时，饭店的服务和设施相结合才能成为饭店产品。

(2) 价值不具有储存性

一般商品的买卖活动会发生商品的所有权转让，而饭店出租客房、会议室和其他综合服务设施，并同时提供服务，并不发生实物转让。顾客买到的只是某一段时间的使用权，而不是所有权。以每晚租金 280 元的饭店客房为例，如果此房全天租不出去，那么这 280 元的价值就无法实现，也就是说，它的价值具有不可储存性，价值实现的机会如果在规定的时间内丧失，便一去不复返。它不像一般的商品那样，一时卖不出去，可以储存起来以后再销售。所以，有人把客房比喻为“易坏性最大的商品”和“只有 24 小时寿命的商品”。

(3) 具有人为不确定性

饭店服务是无形的，服务质量的好坏不能像其他商品那样用客观的性能指标来衡量。来自不同国家、地区的不同类型的顾客，由于他们所处的社会经济环境不同，民族习惯、经历、消费水平和结构不同，对服务接待的要求也不尽相同，因此，顾客对服务质量的感受往往带有较大的个人色彩。饭店提供的服务质量的好坏在一定程度上取决于顾客各自的需要和自身的特点。

(4) 具有综合性和季节性

现代旅游是一种高级消费形式，而通常情况下，饭店消费则成为旅游消费的重要组成部分。因此，饭店必须提供能够满足顾客的吃、住、行、购、娱等多种需求的产品和服务。饭店产品往往同时具有生存、享受和发展三种功能，饭店产品必须是能够满足顾客多层次消费的综合性商品。

旅游受季节、气候等自然条件和各国休假制度的影响较大。在国际上，各国的休假大多在夏季和秋季，因此饭店产品的销售具有明显的季节性。淡旺季顾客多寡差别很大，造成饭店入住率大起大落。

第二节 饭店业的产生与发展

一、世界饭店业的产生与发展

世界饭店业的产生与发展共分为四个时期，即古代客栈时期、豪华饭店时期、商业饭店时期和现代饭店时期。

1．古代客栈时期

由于社会的需要，为满足出行人们吃、喝、睡等赖以生存的基本需要，千百年以前就出现了客栈和饭店。从埃及古墓的壁画中，可以看到将游客安顿在现代称之为饭店、宾馆的客栈里的情景。古巴比伦的《汉穆拉比法典》中可以找到禁止客栈主在饮料中掺水的严格规定，可见当时对客栈的质量和管理十分重视。至中世纪后期，随着商业的发展，以及旅游和贸易的兴起，外出的传教士、信徒、外交官吏、信使、商人等数量激增，对客栈的需求量大增。中世纪的客栈以英国的最为著名。客栈规模较小，价格低廉，设施简单，仅提供基本的食宿服务，是现代饭店的雏形。

2．豪华饭店时期

豪华饭店时期大约从19世纪中期到20世纪初，以法国为代表。19世纪的欧洲，随着上层社会极为奢侈的生活方式的蔓延，专为王室贵族、大资产阶级服务的豪华饭店应运而生。其中颇具代表性的有法国的巴黎大饭店等。豪华饭店的主要特点是：规模大，设备豪华，装饰讲究（见图1—3），服务设施齐全，价格昂贵；管理工作从接待服务中分离出来，逐渐形成专门的职能，但尚处于经验管理阶段；讲究服务质量，管理工作要求严格。

图1—3　豪华饭店

3．商业饭店时期

商业饭店时期大约从19世纪末到20世纪50年代，以美国为代表。这一时期，资本主义发展非常快，经济的发展和交通工具的变革促进了各种商业活动和旅游活动的开展，数量庞大的游客对住宿、餐饮的需求非常大，商业饭店应运而生。商业饭店的主要特点是饭店企业规模较大、设备舒适完善、服务项目齐全、价格合理，服务对象是一般的平民，以接待商务客人为主；饭店企业经营活动完全商品化，营销活动受市场规律支配，以追求利润为主要目的；饭店企业竞争激烈，管理工作注重市场研究，逐步形成目标市场；饭店企业管理理论和实践迅速发展起来，促使饭店企业管理工作科学化和效率化。

知识链接

豪华饭店时期的代表人物是塞撒·里兹（Cesas Ritz）。里兹1850年出生于瑞士，曾当过英国皇太子的侍从，后来在法国一家有名的饭店当服务员。1877年，他在27岁时当上了法国规模最大的一家豪华饭店的支配人，扭转了饭店的长期亏损局面，成功地使饭店成为上层社会的社交场所，从此开始了他的饭店企业管理生涯。

里兹的成功之道是懂得顾客心理，满足其需求，他认为：饭店员工必须遵守一个原则，就是客人的每个愿望都应得到满足。他提出的“客人永远不会错”被许多饭店企业家作为经营格言而代代相传。

商业饭店时期分为两个阶段。第一阶段以美国饭店大王斯塔特勒为代表，第二阶段以美国另一位饭店大王希尔顿为代表。他们继承了里兹的服务思想，饭店服务设施齐全，价格适中，服务人员礼貌待客，处处为顾客设想，因此迎来了大批顾客，并使饭店业走向国际化。

4．现代饭店时期

现代饭店时期大约从20世纪50年代开始至今。现代饭店是社会生产力高度发展，社会消费结构深刻变化，国际旅游活动“大众化”和“普及化”的必然结果。第二次世界大战以后，国际上出现了科技革命，发达国家国民经济各部门广泛采用科学技术的最新成果。航空工业、汽车工业高度发展，通信技术日益完善，各种服务业迅速发展起来。这一时期，大批工人、农民、学生、职员、教师、甚至家庭妇女、儿童和老年人也成了旅游者。旅游活动的大众化、普及化，使旅客类型多样化、市场结构多元化。需求对供给又一次形成了新的强大刺激，现代饭店企业由此产生。现代饭店的主要特点是：需求变化引起饭店企业设施的变化，饭店管理更加复杂；市场结构多样化带来饭店企业类型多样化，经营方式更加灵活；饭店业的高额利润加剧了市场竞争，使饭店企业走向连锁经营的道路；饭店企业管理日趋科学化和现代化。

二、我国饭店业的产生与发展

1．古代饭店时期

我国饭店的起源很早，远在 3 000 多年前的殷商时期就出现了“驿传”（后称“驿站”），“驿传”是中国历史上最古老的一种官办住宿设施，专供递送公文的人和来往官员居住。

我国古代饭店在各个朝代的称谓不同，如宋朝称“同文馆”、元朝称“会同馆”、明朝称“客店”、清朝称“会馆”等。这些古代饭店，主要是为了满足办理各种公务的官员、商人和外交、军事人员的食宿需要而设立的。这一时期饭店基本特点是设施简陋，服务简单。

2．近代饭店时期

近代饭店时期大约从 19 世纪末到 1949 年中华人民共和国成立。中国近代由于遭受帝国主义的入侵，沦为半殖民地半封建社会，因此，除了传统的旅馆外，还出现了西式饭店和中西式饭店。

为了适应来华外国人的需要，西方各国资本家在我国各大城市特别是沿海城市，建造和经营了为数不少的西式饭店，如北京的“六国饭店”和“德国饭店”，上海的“维多利亚饭店”和“伯林顿饭店”等。这些饭店的规模很大、设备豪华，采用西方饭店理论和方法进行管理。

1911 年辛亥革命后，西式饭店的大量出现刺激了中国的民族资本向饭店业投资，各地相继新建了一批中式和西式风格相结合的新式饭店，如北京的“中国饭店”和“东方饭店”、杭州的“西湖饭店”、上海的“大中华饭店”等。到 20 世纪 30 年代，中西式饭店的发展达到鼎盛，全国中西式饭店的数量达到几百家。这些饭店企业规模较大、设备较舒适、服务项目较多，服务对象是上层统治阶级，在管理上学习了西方先进的理论和方法。

3．现代饭店

现代饭店是指从 1949 年新中国成立至今所建造和经营的饭店。在 20 世纪五六十年代，各省市都建有比较高级的饭店，但这些饭店主要接受上级下达的接待任务，不具有营利性，并非真正意义上的现代饭店。1978 年我国实行对外开放政策以来，饭店业无论是行业规模、设施质量，还是经营观念、管理水平，都取得了较快的发展。在这一时期，我国饭店业的发展表现出以下几个方面的特点：

（1）饭店建设投资形式多样化

为了满足不断发展的国际旅游业和大规模经济建设的需要，我国采取多种渠道的集资形式，利用国家资金、集体资金和外资等，改建、扩建和兴建了大批现代化的饭店。截至 2012 年年末，中国共有星级饭店 11 706 家，其中五星级饭店 654 家，四星级饭店 2 201 家，三星级饭店 5 545 家，以及一、二星级饭店 3 306 家，共提供客房超过 157 万间。

（2）引进外资和外方管理

我国现代饭店业在发展过程中吸取了其他行业和国外饭店业发展的先进经验，逐渐走上了科学管理的道路，使饭店经济效益有了很大的改善，形成了独特的企业风格。同时，一批引进外资建造或聘请外方人员管理的涉外饭店相继开张营业，许多世界著名的饭店集团也登陆我国开辟市场，如喜达屋、希尔顿、香格里拉、万豪、雅高等。这在硬件和软件方面为我国的旅游饭店业起到了很好的示范作用，带动了我国旅游饭店业向新的台阶迈进。

（3）事业型向企业型转变，经验管理向科学管理转变

1983 年，国家旅游局向全国旅游饭店推广岗位责任制和浮动工资制后，我国饭店行业实现了第一次重大变革，开始了从经验管理向科学管理、事业单位管理向企业管理的转变。1984 年，国务院批准国家旅游局《关于推广北京建国饭店经营管理方法有关事项的请示》，同意国内 50 家饭店学习建国饭店的经营管理办法，以后又发展到 110 家，而学习建国饭店经营管理方法的实质就是引进国外先进的企业化运作机制。这对我国旅游饭店业又是一次巨大的推动，使我国旅游饭店业在经营体制和管理方法上又一次发生飞跃，以新的姿态和面貌进入了国际市场。

（4）饭店设施和服务日趋完善

为适应现代化旅游多元化的发展，满足多类别的海外旅游者的需要，我国饭店在建筑和设施方面引进了先进的硬件标准，质量不断提高。同时，饭店的设施也向着多功能方向发展，现代大型旅游饭店附设了先进的信息传递设施、康乐设施、旅游服务设施、购物设施等。为了满足顾客的多种需要，饭店的服务项目不断充实，服务质量有了显著的提高。

（5）实行多种形式的联合

随着形势的发展，我国旅游饭店业出现了多种形式的联合，通过聘请管理公司等途径，不少饭店成为国际饭店集团的成员，同时我国也出现了自己的饭店集团。这些集团联合的形式、性质尽管不尽相同，有些尚不成熟，然而，中国的饭店业毕竟已经向着集团化迈出了第一步。

第三节 饭店的类型与等级

一、饭店的类型

随着社会和经济的发展，为满足不同顾客的不同需求，各具特点的不同类型的饭店应运而生。对饭店进行分类的优点如下：一是有利于推销，能使饭店明确推销对象和所处市场，从而更有效地制订工作计划，同时也能使顾客在选择饭店时有比较明确的目标；二是便于比较，一家饭店经营效益的好坏要与同一类型的饭店相比较才有意义。目前，饭店的分类标准主有经营性质、经济类型、计价方式、规模等。

1．根据经营性质分类

根据经营性质划分的饭店类型见表 1—1。

表 1—1　饭店根据经营性质分类

饭店类型	地理位置	市场特点	设施和服务要求
商务型饭店	一般位于城区或商业中心附近	以接待商务旅行者为主，顾客消费水平较高，文化修养较好，注重交往礼节，注重地点，对价格敏感性不强，住宿期较短	外观豪华，内部设施高档，各类服务设施，特别是商务所需的设备设施配备齐全，如图 1—4 所示
经济型饭店	一般位于经济发达、人口流动快、人口密度高的成熟城市或地区	以大众旅行者和部分商务旅行者为主要服务对象，以客房为唯一或核心产品，价格低廉，服务标准，环境舒适，硬件上乘	餐饮、康乐、会议等配套设施很少或没有，但饭店周边的娱乐、购物、交通比较发达
度假型饭店	一般位于海滨、山区和温泉附近	主要接待以度假、休息和娱乐为目的的顾客，他们对市场需求季节性强，对价格比较敏感	娱乐、康乐设施完善，周边环境优美，顾客不仅可以享受到舒适的服务，还可以尽情欣赏大自然的景色，如图 1—5 所示

续表

饭店类型	地理位置	市场特点	设施和服务要求
长住型饭店	一般位于城区和度假中心	主要是接待长住的商务和度假顾客，他们喜欢轻松的氛围，有家庭生活乐趣，对价格敏感度高	一种长住型饭店将房间作为办公地点和场所出租，并提供正常的客房和餐饮服务，力求在设备设施及服务上营造出家庭氛围，租用的时间一般在半年或一年以上。另一种长住饭店只提供住宿，不提供专门的客房和餐饮服务，服务项目和管理较简单，因此收费也较低
会议型饭店	一般位于城区、交通便利的度假中心或旅游胜地	主要是接待商业、贸易展览及学术讲座等各种会议团体的顾客，消费水平较高，市场需求季节性不明显，但受定期例行的展览与会议日期的影响	除具备相应的食宿设施外，还应有较大的公共场所，如各种规格不等的会议室、展览厅或多功能厅，并配备相应的会议通信及视听设备，配备专门的会议销售部门和人员负责组织和协调各项会议事务，具备高效率的会议接待模式
汽车饭店	位于主干公路和高速公路沿线	主要接待驾车旅行的顾客	有免费的停车场，出入方便，提供基本的住宿，住宿手续简便，服务项目不多，经济实惠

图 1—4　商务型饭店

图 1—5　度假型饭店

知识链接

会议金钥匙

像饭店中的“金钥匙”一样，“会议金钥匙”也是指解决问题的专家。他们接受过特殊的培训，能够应付会议当中发生的各种无法预料的问题。另外，“会议金钥匙”欢迎顾客现场调查，并可以参与会议的筹备工作，以及提供顾客需要的其他服务。从会议开始直到会议结束，“会议金钥匙”都会密切地配合会议的策划者。

2．根据经济类型分类

我国饭店企业的经济类型可根据国家颁布的《关于划分企业登记注册类型的规定》和《关于统计上划分经济成分的规定》的有关标准划分，按照 2011 年新修订的《关于划分企业登记注册类型的规定》，工商行政管理部门将饭店企业登记注册类型分为以下几种：

（1）内资饭店企业

内资饭店企业具体注册类型分为国有饭店企业、集体饭店企业、股份合作饭店企业、联营饭店企业、有限责任公司、股份有限公司、私营饭店企业和其他饭店企业。

（2）中国港、澳、台投资饭店企业

港、澳、台投资饭店企业的具体注册类型包括合资经营饭店企业、合作经营饭店企业，以及中国港、澳、台商独资经营饭店企业和中国港、澳、台商投资股份有限公司。

(3) 外商投资饭店企业

外商投资饭店企业具体注册类型包括中外合资经营饭店企业、中外合作经营饭店企业、外资饭店企业和外商投资股份有限公司。

按照《关于统计上划分经济成分的规定》，统计部门在统计上将经济成分划分为两大类别，共五种成分类型饭店：公有经济饭店，其中包括国有经济和集体经济两种成分类型饭店；私有经济饭店，其中包括私有经济、中国港澳台经济、外商经济三种成分类型饭店。

3. 根据计价方式分类

(1) 欧式计价饭店

欧式计价饭店的客房价格仅包括房租，不含食品、饮料、康乐服务等其他费用。国际上绝大多数饭店均属此类。

(2) 美式计价饭店

美式计价饭店的客房价格包括房租和一日三餐的费用。住店者没有其他地方可用餐的度假型饭店较多采用这种方式。

(3) 修正美式计价饭店

修正美式计价饭店的客房价格包括房租和早餐，以及一份简单的欧陆式早餐（即咖啡、果汁和面包之类的食物）的费用。这种计价方式在我国较少采用。

(4) 欧陆式计价饭店

欧陆式计价饭店的客房价格包括房租及一份简单的欧陆式早餐的费用。在国外，此类饭店一般不设餐厅。

(5) 百慕大计价饭店

百慕大计价饭店的客房价格包括房租及一份美式早餐的费用。

4. 根据规模分类

饭店的规模通常根据客房数量不同，划分为大型饭店、中型饭店和小型饭店。目前国际上划分的标准主要为：客房在600间以上的为大型饭店，客房在300～600间的为中型饭店，客房在300间以下的为小型饭店。

二、饭店的等级

1. 饭店等级划分的类型

国际饭店业中，以等级或星级来评定一家饭店级别的方法较普遍，但所采用的标准和做法不尽相同，主要有三种类型：

(1) 由官方确定统一定级标准，如中国和法国的饭店分为“1～5星”五级，意大利的饭店分为“豪华、1～4级”。

（2）由非官方组织核定饭店等级，如英国的饭店由英国饭店协会、英国旅游局、英国汽车饭店协会和皇家汽车俱乐部联合实施分等定级工作。

（3）国家对饭店没有统一定级标准，如美国，但较有影响的是美国汽车协会及美国汽车石油公司分别制定并使用的“五花”和“五星”等级制。

2．我国饭店的等级划分

饭店的星级评定工作是一个复杂的系统工程。从1988年开始，我国旅游饭店业实施星级评定制度。星级评定工作的依据是国家标准《旅游饭店星级的划分与评定》（简称《星级标准》）。《星级标准》颁布实施至今，经历了1993年、1997年、2003年和2010年四次修订。

国家旅游局设全国旅游星级饭店评定委员会（简称全国星评委）。全国星评委是负责全国旅游饭店星级评定工作的最高机构，按照国家标准《旅游饭店星级的划分与评定》（GB/T14308—2010）进行评定，用星的数量和颜色表示旅游饭店的星级。旅游饭店星级分为五个级别，即一星级、二星级、三星级、四星级、五星级（含白金五星级）。最低为一星级，最高为五星级。星级越高，表示饭店的等级越高。

2010年修订的《星级标准》在继承和保留了原标准基本内容的基础上，又结合旅游饭店业发展的实际情况，对星级饭店提出了更加专业的要求。

知识链接

世界最佳饭店评定标准

目前，对于世界最佳饭店尚未有一个统一的衡量标准，但世界各大型国际饭店、社会各界专家及各新闻媒体基本形成共识，赞同如下十条标准：

1. 要有一流的服务员和一流的服务标准。
2. 客房要洁净、舒适、陈设高雅、环境怡人。
3. 应该使顾客有“宾至如归”之感。
4. 应该设有多种不同服务项目。
5. 能提供当地的美味佳肴。
6. 地理位置的选择要十分恰当，方便顾客的各项活动。
7. 内部装修和陈设应该具有民族风格和地方特色。
8. 曾有名人下榻和就餐。
9. 应该是举办历史上最重要的宴会的场所。
10. 一定要注意微小的服务和装饰。

第四节　饭店的功能和结构布局

现代饭店有两种基本功能：一是作为企业的经济功能，这就要在满足顾客需要，不断维持与扩大客源数量或提高客源质量的同时，使饭店的长期利润最大化；二是作为产品的效用功能，要求尽可能多地满足不同目标顾客的需求，解决他们的各种需求问题。基于这两种基本功能，可以确定饭店结构布局设计问题。

饭店从业务性质上来说可以分前台和后台两大部分。

一、前台部分的功能和结构布局

一般来讲，饭店的前台区域指的是顾客使用和流动的公共区域，主要包括公共场所（饭店外环境、前厅、大堂、餐饮设施、娱乐设施、康乐设施及其他公共场所）和客房。其合理布局要体现饭店的经营特点和风格形象，必须有独特吸引力，讲究美观舒适。一流的饭店更是要求高雅、豪华、气派。

1．外环境

外环境的总体布局要合理，有韵律和节奏感，形成众星捧月之势。饭店外环境的绿化带、水池、装饰物、庭园、交通道、停车场等都要因地制宜，合理布局，突出文化性、美感和饭店气氛。

2．前厅、大堂

前厅是顾客办理手续的场所，同时，还要为顾客提供处理投诉等多项服务，此外，前厅又是饭店的信息中心和业务调度中心，顾客也可作短暂休息。

大堂应有作业空间、服务空间、流动空间、停留空间和休息空间等。大堂内的布置要有一定的文化气息，有个性风格和艺术特色。大堂也可布置小庭园、人造瀑布、雕塑、绿化或其他设施，自然地分割空间，如图 1—6 所示。大堂的中心部分是总服务台，在大堂中的位置要十分醒目，同时还要设置预订处、行李房、商务中心、大堂经理等。根据饭店档次和风格的不同，大堂内还可以设置其他一些设施，如大堂酒吧、顾客休息区等。

图 1—6　饭店大堂

3. 客房

客房是饭店的主体，是饭店存在的基础，是顾客在饭店内唯一能封闭而单独使用的场所。客房的功能是提供顾客休息、睡眠、工作、梳洗、会客等必须单独进行的活动所需的空间。

客房布局的要求是安全、安静、舒适、温馨、设施齐全和使用方便。客房布局十分讲究“细”，即细部、细节、细微之处的考虑。客房通常设在公用设施的上层，布局呈立体垂直规则排列，即各楼层相同功能的空间都在同一个立面上。

4. 餐饮设施

餐饮设施是饭店为顾客提供食品、饮料消费的场所和设施的总称，餐饮设施的功能主要是营造一个环境和一种气氛，满足顾客对饮食的需求。餐饮从完整意义上来说，应包括食品、饮料、餐厅环境、餐饮服务、厨房生产和食品原料等多种因素，所以餐饮设施的结构布局也要考虑周全。

饭店餐厅往往不止一两个，而是由多种类型的多个餐厅组成，一般有中式大餐厅、中式小餐厅、宴会厅、西餐厅、自助餐厅、特色餐厅等。餐厅一般设置在建筑物的一、二层，沿街的建筑物可靠街设置餐厅。一般情况下，每个楼层的餐厅都有自己的厨房。厨房面积、设备选型、厨房布局等因素应根据餐厅的菜肴特色和餐位数确定。餐厅和厨房之间有备餐间，为备餐、服务前准备、菜肴传送之用。

5．娱乐、康乐设施

娱乐、康乐设施是现代饭店不可缺少的部分，随着市场对饭店产品需求的多元化，随着人们生活方式的改变，饭店发展趋势最明显的部分是娱乐、康乐设施的发展。

饭店娱乐设施主要是歌舞厅、卡拉 OK 厅、棋牌室、电子游戏厅、影视厅等。娱乐设施通常布局在饭店底层后部、侧面，或安置在裙房里，或安置在公共设施区域，尽量防止对其他区域造成噪声污染。娱乐设施中，棋牌室比较安静，它自身也需要一个安静的环境，布局时应把棋牌室放在相对僻静的区域。

饭店康乐设施种类繁多，主要有健身房、保龄球馆（见图 1—7）、台球厅、壁球馆、网球场、游泳池、温泉浴池、高尔夫球场等。康乐设施占地或大或小，场地或室内或室外，场地的建筑结构或简单或复杂，均应根据饭店实际情况进行选型，合理规划。

图 1—7　保龄球馆

通常情况下，住客和非住客在饭店内主要的活动范围和活动方式有一定规律性。如住客进入饭店大堂后直接前往总服务台办理入住手续，然后进入客房，其后可能到餐饮场所或康乐场所消费。而非住客来到饭店，多半会径直至餐饮场所、康乐场所、商场等地方，而且在寻找这些设施或服务时具有明显的就近、直观心理。

考虑到饭店顾客以上这些活动的规律和特点，饭店公共场所布局的总原则一般是以大堂为中心，所有公共场所紧紧围绕大堂。

二、后台部分的功能和结构布局

饭店的后台部分主要指饭店的行政管理办公室和后勤区域（员工用房、洗衣房、工程设备部门、仓库等），一般不直接接触顾客。后台部分的功能和结构布局原则是为顾客服务、为前台服务。饭店后台部分的装修设计应以经济实用为主，不必像客房和公共区域那样讲究舒适豪华。

1．行政管理办公室

这个部分一般包括前台办公室、总经理办公室、营销公关办公室等。为了便于各部门人员之间的沟通联络，便于顾客寻找，各行政管理办公室应尽量布局在相邻的位置上。除此以外，由于这些行政管理部门经常要接待来宾，与顾客交往，所以，办公室的面积不能太小，而且要配以布置高雅的接待室和会议室。这类办公室设计布局的重要性并不亚于客房或其他公共场所。

2．后勤区域

后勤区域主要包括员工用房、洗衣房、工程设备部门、仓库等。一般情况下，制服房、更衣室、洗衣房彼此相邻；工程部办公室与维修保养工作地带和机电设备房相邻；各部门专用仓库则靠近该部门设置。

饭店的种类和性质是多种多样的，功能也不尽相同，其结构布局只能遵循一定的原则，而无固定的模式。饭店结构要合理科学，依靠设计者、经营者和业主的默契配合，也要依靠设计者的智慧和创造能力。设计布局合理的饭店不但会给员工和顾客带来方便和美的享受，而且能给饭店带来更高的效率和效益。

三、饭店功能和结构布局的原则

第一，饭店必须从满足顾客需要出发，保证饭店顾客的私密性、安全性和便利性。饭店是旅游者的“家外之家”，又是公众进行经济、贸易、文化活动的重要场所，要满足顾客对饭店服务的需求，首先应在饭店结构布局上保障顾客的生命和财产安全，确保餐饮娱乐等活动的便利和舒适。

第二，为了达到以上便利顾客的目的，饭店必须从管理和服务的角度来考虑内部操作和管理的各部门、各环节的功能，以及维修保养等工作的效率、效果。如有条件，行政管理办公室、后勤区域应尽量与饭店顾客活动的前台部分分开，或者布局在不同的地带，以免员工过多地通过饭店的公共区域，影响饭店顾客的正常活动。

第三，从经济效益的角度考虑，必须按合理的比例来布局酒店各功能部门。饭店内部空间主要由这样几大功能区域构成：直接出售空间及服务带来收入的只有客房；餐饮设施、娱乐设施、康乐设施及其他营业场所则是通过出售有关产品和服务获取收入；至于前厅大堂、顾客流动的其他公共场所和行政管理区域及员工活动区域，都不直接参与出售，且不能带来收入。酒店结构布局的总原则是：顾客使用区域或能为饭店带来收入的部门应占据较大的空间，且所占投资比例较高。

第四，饭店整体布局要给顾客以美感，能够营造出一种文化氛围，如饭店建筑造型、外部环境处理等都要注意整体的美感和文化特色，强调整体的和谐一致；局部处理的美感加上局部的文化特色，强调在与整体协调的前提下，突出局部的个性美感和文化特色。

第五，从饭店的等级类型考虑，饭店功能和结构布局必须按照国家有关建筑设计、设备设施、施工安装、装修的各项规范和标准进行，必须按国家旅游局《星级标准》的要求进行，必须按本饭店的决策、特色、业务特点、操作规范进行。

专题活动

在教师的带领下，参观所在城市或附近地区的某家星级饭店，并完成如下课题：

1. 该饭店公共场所布局的总原则是否以大堂为中心，所有公共场所是否紧紧围绕大堂？

2. 简述该饭店前、后台主要功能和结构布局。

思考与练习

1. 简述饭店的概念。

2. 根据经营性质不同，饭店可分为哪六大类？

3. 简述现代饭店的基本功能。

4. 简述世界饭店业发展史上各阶段的主要特点。

5. 在教师的带领下，参观本地的某家星级饭店，了解并确定该饭店的类型、规模和计价方式。

第二章 饭店管理基础理论

饭店管理是一项复杂的系统工程。饭店管理学与饭店具体实践相结合，是从饭店本身的业务特点和管理特点出发而形成的一门独特的管理学科。

饭店管理者对饭店实施管理，必须明确饭店管理的内容和职能，运用饭店管理的基础理论来解决饭店中存在的各种实际问题。

学习目标

☆ 了解饭店管理的概念及内容。

☆ 熟悉饭店管理的基本职能。

第一节　饭店管理的内涵

一、饭店管理的概念

饭店管理是指饭店管理者在了解社会市场需求的前提下，为了有效实现饭店的既定目标，充分利用饭店的人力、财力、物力、信息、形象等资源，对饭店所从事的各项活动，包括服务、生产、营销、人事、财务等，进行计划、组织、指挥、协调和控制的一系列活动过程的总称，如图 2—1 所示。

市场需求

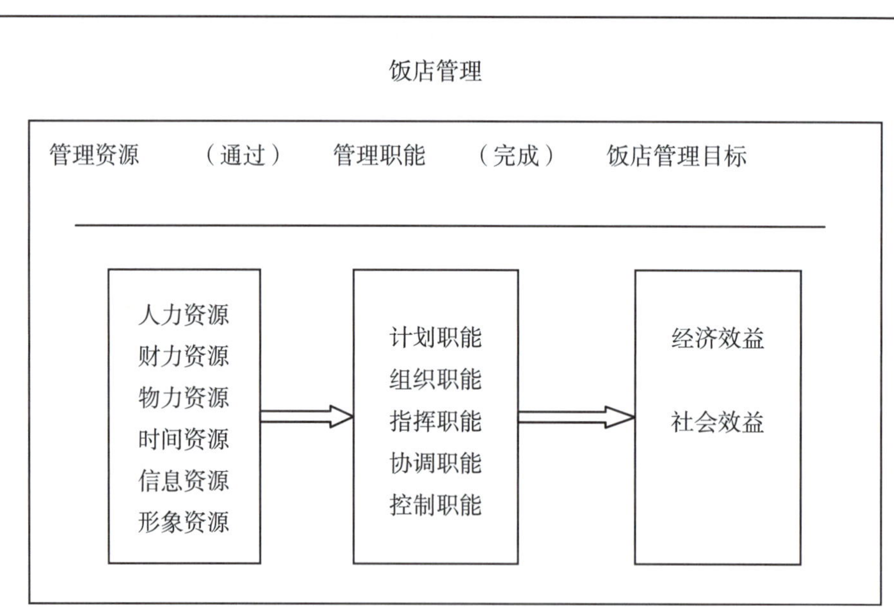

图 2—1　饭店管理图解

饭店管理的概念主要表明了饭店管理的目标、资源和职能。

1．饭店管理的目标

饭店管理的目标就是要实现饭店的既定目标。饭店的既定目标不仅仅是获取最大利润，取得最佳经济效益，它在向社会提供特定的使用价值的同时，也担负着一定的社会责任，因此，饭店的既定目标也包括取得良好的社会效益。对饭店而言，社会效益是经济效益的基础，社会效益不好的饭店，其经济效益必然会受到极大影响。

另外，随着人类环境保护意识的不断增强，饭店还应考虑环境效益，尽量使饭店的经济效益、社会效益和环境效益达到完美统一。

2．饭店管理的资源

饭店管理的资源就是指饭店所拥有的人力资源、财力资源、物力资源、时间资源、信息资源和形象资源等。

（1）人力资源

人力资源是指饭店中的人员和与饭店有直接关系的其他人员，包括各级管理人员和一线员工等。人力资源是饭店中最重要的资源，是饭店管理成功的关键。

（2）财力资源

财力资源是指饭店拥有或者控制的能以货币计算的经济资源，包括各种财产、债权和其他经济权力。财力资源是饭店正常运转的基本保证。

（3）物力资源

物力资源是指饭店所拥有的能为饭店经济活动提供物资凭借的物资资源，包括各种设施、设备、物资用品等。

（4）时间资源

时间资源是指伴随着现代饭店经营活动中出现的人流、物流、信息流等运动而存在的时钟时间、日历时间、劳动时间、收入时间、可控时间、不可控时间等有效时间。

（5）信息资源

信息资源是指饭店用来方便各部门之间的沟通和反映饭店管理活动情况的饭店内部的各项指标、指令、计划、报表、数据和规章制度，以及用来描述饭店外部环境变化的数据、消息等对饭店管理目标的实现有价值，并能为人们所认识的情报、资料。

（6）形象资源

形象资源是指饭店在社会公众心目中所形成或树立的相对稳定的地位和整体形象，是社会公众对现代饭店产品、信誉、服务质量、管理水平、人员素质等的评价。

专题活动

饭店管理的资源有六种形式，请指出哪些是有形资源，哪些是无形资源。

3．饭店管理的职能

在饭店管理的概念中，管理职能是管理者与饭店实体相联系的纽带，是其必不可少的组成内容之一。饭店管理的职能就是计划、组织、指挥、协调和控制。饭店管理就是管理者通过执行这些不同的管理职能来实现饭店内外要素不断调整并取得和谐的动态过程，缺少任何一个职能，饭店管理就难以奏效。因此，饭店管理的本质就是管理者科学地执行管理职能。

二、饭店管理的内容

在了解饭店管理含义的基础上，饭店管理者必须进一步研究饭店管理的内容，也就是研究管什么和怎么管的问题，目的是构筑饭店管理的框架，然后对框架各部分的实质内容分步展开研究，厘清思路，在自己的意识中形成框架概念，把握饭店管理的纲要，最后抓住纲要，实施有效管理。

饭店管理的内容通常包含以下几个方面。

1．前厅管理

（1）收集、加工、处理和传递有关经营信息。

（2）开展预订任务，做好饭店产品特别是客房的营销工作。

（3）做好日常服务接待管理工作。

（4）管理客账。

2．客房管理

（1）切实抓好客房的清洁卫生工作。

（2）做好客房的接待服务，保障顾客的住房需求。

（3）管理好客房设施和用品。

3．餐饮管理

（1）合理制定菜单，创造经营特色。

（2）控制餐饮成本，做好成本核算。

（3）重视餐饮出品质量和餐厅服务管理。

（4）加强餐饮销售。

4．人力资源管理

（1）饭店人力资源规划。

（2）饭店员工的招聘、配置、培训和开发。

（3）饭店员工绩效、薪酬管理。

（4）饭店员工劳动关系管理。

5．公关管理

（1）制订公共关系计划。

（2）公共关系调查、宣传和交际。

（3）日常工作中的公关活动。

6．营销管理

（1）饭店市场营销分析和计划的制订。

（2）饭店产品组合、价格组合的确定与调整。

（3）饭店市场销售渠道组合、促销组合的设计与调整。

（4）饭店市场营销控制。

7．安全管理

（1）建立有效的安全组织体系。

（2）制订饭店安全工作计划。

（3）饭店财产、消防安全管理。

（4）饭店紧急事故的妥善处理。

（5）做好饭店日常工作安全管理，保障饭店的正常运行。

8．设备管理

（1）对设备和设施进行增建、更新和改造。

（2）建立健全工程设备管理制度。

（3）加强饭店设备的资产管理。

（4）合理使用饭店设施设备，建立合理的设施设备维护保养体系。

9．物资管理

（1）制订饭店物资供应计划。

（2）饭店物资采购管理。

（3）饭店各种物资的定额管理。

（4）物资仓库管理。

10．服务质量管理

（1）制订服务质量计划。

（2）建立健全服务质量管理体系和服务质量标准。

（3）进行饭店服务质量教育。

（4）采取有效的服务质量管理方法，实施全面质量管理。

管理者从事饭店管理，首先要把握住管理对象和内容，进而发挥自己的管理才能，灵活应变，最终形成自己经营管理的思路，并不断创新。

案例分析

总经理该管什么?

某饭店有280间客房，是一家功能齐全的三星级饭店。饭店的组织机构为10部1室，各部室设部门经理。高层领导设一名总经理，统管全饭店并分管人事、财务两部门；另设两名副总经理，一名分管前台部门，另一名分管后台部门。总经理常常说饭店管理要实行走动式管理，并身体力行，经常深入各部门，对各部门的问题和决策常常拍板定论。比如客房部要更换清洁剂的品牌、餐饮部要调换水产品供应商、销售部要推行VIP接待卡等均是由总经理在深入部门时拍板定的。这样的结果是效率提高了，但也带来组织上的一系列问题，如高层的岗位职责问题、组织体系的实施问题等。这些都归结为一个问题——总经理该管什么?

总经理应该管饭店的重大决策，管市场和公关，管财务，管中层管理人员，管总经理岗位职责中该管的事。总经理事无巨细越级指挥，就会违背饭店组织原则，违反饭店制度，损坏信息系统，导致饭店各级管理的无序运行。

第二节　饭店管理的职能

饭店管理的职能是指饭店管理者为了实行有效管理所必须具备的基本功能。执行管理职能是饭店管理者的主要职责，饭店管理职能贯穿于饭店管理全过程。饭店管理者通过在管理过程中发挥计划、组织、指挥、协调、控制等职能的作用，完成饭店管理的任务，实现饭店管理的目标。

知识链接

法约尔管理的五个职能和十四条原则

法国古典管理理论学家法约尔在他1916年发表的《工业管理与一般管理》一书中较完整地提出了他的企业组织管理理论。该理论的主要内容有：

1. 五个职能

法约尔认为，任何企业都有六种基本的活动。即技术活动、商业活动、财务活动、安全活动、会计活动、管理活动。法约尔从中简洁而完整地提出了管理的五个职能，包括计划、组织、指挥、协调和控制。至今，管理包含五个职能的理论仍被视为管理理论的经典。

2. 十四条原则

法约尔根据自己的管理经验和管理理论，总结和归纳了十四项管理原则，即：实行分工与协作，权力与责任要相适应，制定并维持纪律，统一指挥，统一领导，个人利益服从整体利益，报酬要合理，集权与分权应恰当，建立等级制度，建立并维持秩序，平等公平，人员应稳定，具有首创精神，培养团结协作的精神。这些管理原则对后来的管理实践和管理理论的发展有着重要的影响。

一、计划职能

1．计划职能的概念

所谓计划，就是事先确定做什么和如何做。计划的前提和基础是决策，计划是决策的产物。所以，饭店管理的计划职能是指预测和决策未来一定时期内，饭店经营应该达到的目标，确定经营管理的指导思想和方针，确定实现目标的措施和方法。计划职能是饭店管理的首要职能，是组织、指挥、协调和控制各方面活动的共同基础。

2．计划职能的作用

（1）计划能为饭店经营管理提供方向和目标

未来的不确定性和环境的变化使组织的活动很容易失去目标，计划可以为组织提供目标，把饭店全体员工的行动统一到实现组织总目标上来。

（2）计划有助于饭店发现机会，减少风险，增强适应环境变化的应变能力

执行计划职能，在确定饭店目标的同时，也要规定实现目标的途径和方法。这些途径和方法充分考虑了饭店内外环境的变化趋势，有助于饭店在市场竞争日趋激烈、顾客需求日益多变的环境中发现机会，求生存、图发展，变被动为

主动，减少风险，增强自身的应变能力。

（3）充分利用饭店各种资源，力求经济合理

计划职能可使饭店对所拥有的人、财、物等资源进行合理、有效地组合与调配，使人尽其才、物尽其用，减少人力、物力、财力的浪费，从而形成尽可能大的接待能力，实现饭店效益最大化。

（4）统一工作标准

计划职能可以为管理控制工作提供统一的标准，为检查和考核工作提供尺度。

3．计划的类型

按照不同的分类标准，饭店计划可分为不同的类型，最常用的是按时间分类、按范围分类和按职能分类。

（1）按时间分类

按时间分类，可以将饭店计划分为长期计划、中期计划和短期计划。

长期计划是指在较长时期（一般在 3 年以上）内有关饭店发展方向、规模、经济、设备、人员、等级等方面的战略性、纲领性计划。中期计划是计划期在 1～3 年的计划。中期计划中，年度计划的制订较多。短期计划是计划期在 1 年以内的计划，如半年计划、季度计划、月度计划、周计划等。

（2）按范围分类

按范围分类，可以将饭店计划分为饭店总体计划和各部门的分类计划（即部门计划）。

饭店总体计划是指确定整个饭店目标和任务的综合性计划，它包括饭店的计划、目标的制订、目标的分解及其说明、计划的实施过程及其措施方法等内容。

部门计划是指饭店内各部门为实现饭店的总目标而制订的本部门在计划期内需完成的具体目标和任务的实施性计划。所以部门计划制订是以饭店总目标和政策为指导的，它包括部门的具体目标、实施细则等内容。

（3）按职能分类

按职能分类，可以将饭店计划分为经营计划、接待计划、人事计划、财务计划、销售计划等。

4．计划工作的程序

饭店计划要达到预期的效果，就必须认真研究计划工作的步骤和具体措施。计划工作的步骤主要包括收集信息、确定目标、提出设想、选择方案、选择计划、制订实施计划等，如图 2—2 所示。

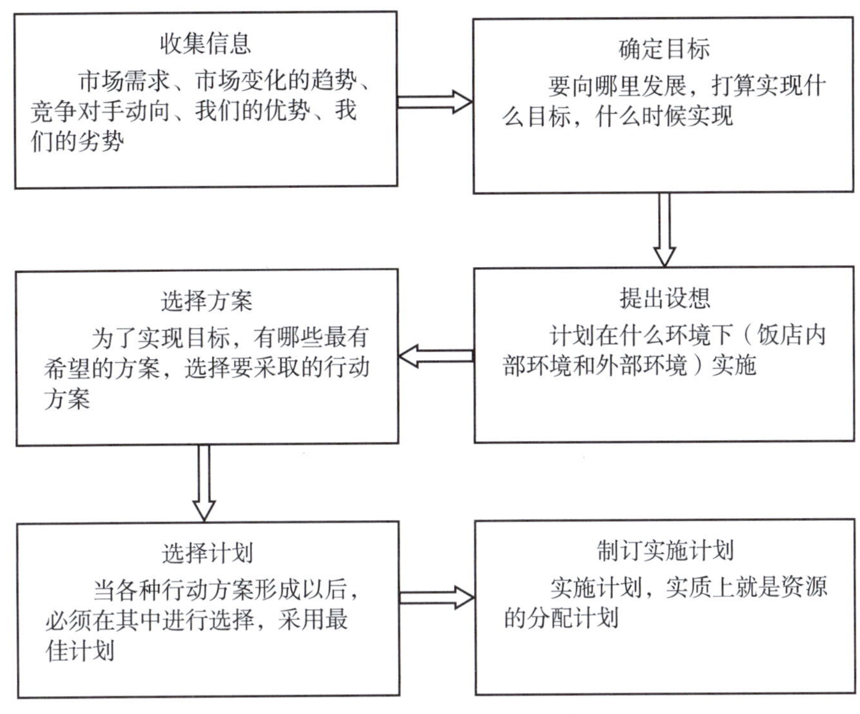

图 2—2　计划工作的程序

各步骤的具体措施如下：

第一步，收集信息。要注意收集饭店内部和外部的各种信息资料，对未来可能出现的变化和预示的机会进行初步分析，并做出判断，弄清饭店有哪些发展机会，以及饭店业发展的趋势如何；明确自身的优势、劣势和在行业中所处的地位，了解其他同类饭店经营情况等。饭店管理者要洞悉行业情况，在反复斟酌的基础上，确定决策方向，扬长避短。

第二步，确定目标。在收集信息的基础上为饭店及其所属部门确定计划工作的目标，指出工作重点。

第三步，提出设想。设想计划实施时的环境，包括对饭店业重要因素所做的预测和饭店内外环境的预测，如饭店客观的经济条件如何，饭店的产品和服务能吸引哪些客源市场等。

第四步，选择方案。调查和设想可供选择的行动方案，并把精力集中在少数最有希望的方案上，比较各个方案的利弊，对各个方案进行评价，最后选择最好的方案。

第五步，选择计划。经过一系列的准备工作，饭店管理者在几个计划中进行选择，权衡利弊，取长补短，采用最佳计划。

第六步，制订实施计划。制订实施计划就是制订人、财、物等各种资源的分配计划，包括选择适当时机、制定政策，以及确定实施程序、方法和标准等。

另外，饭店还应根据计划实施的实际结果，客观、公正地对计划进行评价，反思计划的制订和实施过程，总结经验教训，为下期计划的科学合理性提供参考。

专题活动

教师组织学生分成小组，给出饭店几个具体目标，如在一年内，前厅接待人次提高5%，客房出租率提高6%，餐厅上座率提高7%，学生在确定某一具体目标情况下提出自己部门的设想或方案。

二、组织职能

1. 组织职能的概念

饭店组织职能是指为了有效地达到饭店计划目标，管理者确定组织结构，进行人、财、物、时间、信息等资源的调配，划分部门、分配权力和协调饭店各种业务活动的管理过程。组织职能是计划职能的自然延伸，它贯穿于饭店管理的全过程。其基本内容如下：

（1）确定饭店的管理体制。

（2）设置合理的饭店组织机构。

（3）进行编制定员，明确各管理层次及相应的责任和权力，并选用合适的人员。

（4）建立信息沟通系统，协调各级各部门间的关系。

（5）进行资源调配，使饭店形成接待能力并开展接待业务。

（6）建立健全饭店管理制度。

饭店组织管理是否有成效，其结果将直接影响整个饭店的经营成果。所以，组织职能是实现计划的重要保证，也是其他管理职能的基础和前提。

2. 组织工作的特点

从组织职能的定义可以看出，组织工作具有以下特点：

（1）组织工作是一个过程

设计、建立并且维持一种科学、合理的组织结构，使之成为有效实现目标的工具，这是一个连续的工作过程，由一系列的活动组成，如业务的划分和归类、权责的划分和授予等。

（2）组织工作是一个动态过程

组织机构的建立不是一成不变的，它总是随着组织内外部环境条件的变化而不断调整、变化。组织结构的稳定是相对的，而变化是绝对的，这是组织工作永恒的主题。

（3）组织工作应该引导和利用非正式组织

管理者对非正式组织，应该有意识、有计划地引导和利用，使其为组织目标的实现发挥积极、正面的作用。

关于组织职能的其他内容，将在本书第三章详述。

三、指挥职能

1．指挥职能的概念

饭店指挥职能是指管理者凭借权力和权威，根据决策计划的要求对所属指挥对象发出指令，进行领导和调度，使之服从管理者意志，如计划、目标、规章制度、服务规程等，并付诸行动，齐心协力实现饭店预定目标的管理活动。其基本内容如下：

（1）确定实施和完成计划的时间、步骤、方法和要求。

（2）确定领导方式，并对各级各类员工从事的工作进行指导、检查和督促。

（3）协调和解决管理活动中出现的各种矛盾和问题。

（4）解雇不称职的员工。

（5）总结指挥过程中的经验和教训。

2．指挥职能的类型

饭店管理者在执行指挥职能时，应根据自身所处的职位、周围的环境和下属的能力、特点等来选择不同的指挥方法。饭店指挥的类型可分为直接指挥、启发式指挥、归纳式指挥和应急式指挥等。

（1）直接指挥

直接指挥是指挥者用明确的信息对被指挥者直接下达指令并使之执行的管理方法。它的特点是具体明确，效率高。直接指挥是饭店中最常用的一种指挥方式，相对而言，饭店中、基层管理者使用较多。

（2）启发式指挥

启发式指挥是指挥者通过启发诱导的形式使被指挥者的思路、意见和指挥者相一致后再实施指挥的管理方法。饭店高、中层管理者较多使用这种方式，因为下级管理者对问题的充分理解和深刻认识十分有利于其坚决地执行指令。这样既避免了指挥的错误，也能发挥下属的主观能动性，有效地培养和锻炼下属分析、解决问题的能力。

（3）归纳式指挥

归纳式指挥是指挥者在充分听取各方意见的基础上，进行合理决策，再下达指令的指挥方法，常为饭店高层管理者所用。归纳式指挥关键在于归纳，要求管理者分析归纳能力要强，善于抓住问题的主要方面且思维清晰，使指令能够让各部门信服，以便于执行。

（4）应急式指挥

应急式指挥是指管理者为解决突发问题而下达紧急指令的指挥方式。通常只要求解决主要问题，而很少顾及其他。应急式指挥要求管理者有敏锐的观察力和很强的应变能力，下达指令要既果断又谨慎，能及时解决问题，防止事态扩大或贻误时机而影响饭店声誉。

3．执行指挥职能应注意的问题

执行指挥职能时应注意以下几点：熟悉饭店业务，了解并尊重下属，善于激励下属，善于运用影响力。

四、协调职能

1．协调职能的概念

饭店协调职能是指调整和改善管理过程中所有的人、群体组织，以及各环节、各要素之间的关系，使组织系统的各方面都能和谐配合、协调发展，以实现管理目标。其目的是改善饭店内外各种关系，建立良好的工作环境，使各部门或个人认识一致、步调一致，为实现饭店计划目标而共同努力。饭店协调职能的基本内容如下：

（1）设置协调机构。

（2）掌握和沟通信息。

（3）预防和处理可能和已经出现的偏差。

（4）处理组织内外各种利益关系、人际关系、责任关系等。

2．饭店协调职能的类型

饭店协调职能包括外部协调和内部协调两大类。

（1）饭店的外部协调

通常，饭店外部协调可分为饭店与顾客之间的协调和饭店与社会之间的协调两种。

饭店与顾客之间的协调主要体现在饭店应根据市场供求及市场竞争情况，不断地调整饭店的服务内容与项目，减少饭店与顾客之间的不和谐因素，如增添服务设施、增加服务项目、努力提高服务质量等。从而最大限度地满足顾客需求，使饭店与顾客之间关系和谐融洽。

饭店与社会之间的协调主要体现在大多数饭店都非常注重通过各种公共关系活动处理好与社会各界，特别是与银行、财税、工商、公安、消防、环保、文化卫生、新闻媒体等各部门的关系，树立饭店良好形象，并获得社会各界的信任、理解和支持，使饭店业务正常、有序地进行。

（2）饭店的内部协调

饭店的内部协调主要是指饭店内部各项工作、各种人员之间的协调，一般分为横向协调与纵向协调两类。

横向协调就是指饭店内各部门之间、本部门内各环节之间的协调。如工程部与客房部的合作、前厅部的预订与接待等。各部门、各环节之间信息传递及时、迅速、准确是横向协调的基本要求。各相关部门、环节的所有人、财、物、信息等资源配合得当、步调一致，是执行协调职能所应达到的结果。

纵向协调是指饭店上下各级人员之间的协调。有效的纵向协调要求上级应能根据饭店目标要求下达正确的指令，而下级则无条件地服从和执行上级的指令。另外，纵向协调还应遵循等级链的原则，即上级不越级指挥，下级也不越级向上汇报。最终，通过饭店全体员工的齐心合力、相互配合，共同完成饭店的预定目标。

3．执行协调职能应注意的问题

执行协调职能时应注意以下几点：协调要有一定的依据，要控制在一定的范围内，要从全局的高度协调。

五、控制职能

1．控制职能的概念

饭店控制职能是指饭店根据计划目标和预定标准，在饭店管理过程中进行检查、监督，发现偏差，纠正偏差，以确保目标任务完成的管理活动。控制职能的实质是对饭店业务的实际运行活动的反馈信息做出反应。其基本内容如下：

（1）确定控制标准。

（2）收集和掌握必要的信息资料，从分析研究中发现偏差。

（3）查明出现偏差的原因和当事人。

（4）采取措施，纠正偏差。

（5）建立有效的控制系统。

2．控制职能的类型

饭店管理中，管理者只有采取恰当的控制方式，才能有效地对饭店的经营业务进行控制。饭店的控制职能一般可分为以下三种类型：

（1）预先控制

预先控制又称前馈控制，是指管理者通过对饭店业务情况的观察和分析，预测可能出现的问题，在其未发生前加以防止的管理活动。它的目的是在饭店业务进行前消除各种可能会造成负偏差的因素，如对人力、物力、财力的投入实施有效控制。

（2）现场控制

现场控制又称实时控制，是指管理者在饭店业务进行过程中的控制，是饭店管理的一种有效管理方式。现场控制一般由基层管理人员负责。在现场控制中，管理者一方面可以指导下属按照正确的服务流程和工作方法进行工作，另一方面可以监督下属的工作过程，如发生意外事件，能及时发现偏差，并加以纠正。

（3）反馈控制

反馈控制也称事后控制，是指管理者在饭店经营业务活动结束后，对其结果进行检查和考核。在反馈控制中，把实际工作结果与预定目标相比较，找出偏差，分析产生差异的原因，提出整改措施，以便在今后的工作中改进提高。

3．执行控制职能的步骤

在饭店管理中，执行控制职能一般包括以下四个循环步骤，如图 2—3 所示。

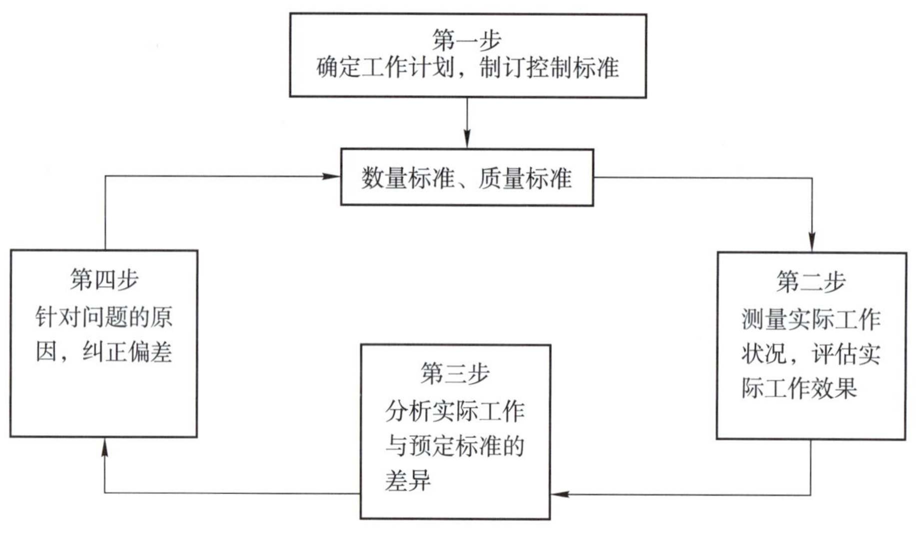

图 2—3　执行控制职能的步骤

（1）制订控制标准

标准是控制的必要条件，而饭店计划是制订控制标准的依据。在饭店管理中，控制标准通常分为两类：一类是用数量来表示的各种标准，即数量标准，如时间标准（30 分钟内完成一间客房的清洁卫生工作）、成本标准（食品成本控制在 40% 以内）等；另一类是以描述性语言表示的各种标准，即质量标准，如餐厅服务质量标准、客房卫生清洁标准等。

（2）效果评估

效果评估是通过检查将实际工作与预定标准进行比较，评估实际工作效果。

在饭店管理中。效果评估的重点通常是：营业额与预期成果之间的差距、成本和费用支出的合理性、服务质量水平等直接影响饭店社会效益和经济效益的内容。评估时还应根据考核对象的不同而采取不同的要求。对中高层管理者，主要以饭店目标作为衡量标准；而对操作层，主要以工作量、工作时间和质量等作为衡量标准。

（3）差异分析

管理者在效果评估中及时判断实际与标准的差异后，必须分析差异产生的原因及其对未来经营业务活动的影响。只有找出问题的症结所在和主要原因，才能进行有效控制。通常产生差异的原因有：目标或标准不合理、实际工作中的误差情况、外部环境变化的影响，以及各种因素的综合反应。

（4）纠正偏差

管理者找到产生偏差的原因后，应针对其不同原因采取不同的纠正偏差的方法。在采取纠正措施时，一定要落实纠正偏差的时间和责任，并采取有效的控制方法，才能有效地消除偏差，达到管理目的。

4．执行控制职能应注意的问题

执行控制职能时应注意以下几点：确定客观标准，具有灵活特点，讲究经济效益，具有全局观点。

饭店管理就是通过具体的计划、组织、指挥、协调、控制五大职能的执行来达到饭店预期的目标，为饭店赢得忠实顾客并树立良好的企业形象，最终取得良好的经济效益和社会效益。

思考与练习

1. 试述饭店管理的目标、资源和职能。
2. 试述饭店管理的主要对象。
3. 试述计划工作的步骤和具体措施。
4. 执行指挥职能时应注意哪些问题？
5. 如何理解饭店内部协调？
6. 用图表形式说明执行控制职能的四个步骤。

第三章 饭店组织管理与文化建设

饭店组织管理首先是形成饭店的组织形式和组织结构。饭店的组织形式要为饭店的经营服务，需要从饭店的业务特点出发，根据饭店业务运转的需要确定管理机构和组织机构。饭店企业文化是指在饭店经营管理中长期形成的全体员工共同的价值观念、信仰追求、道德规范、行为准则、经营特色、管理风格，以及传统和习惯的总和。它渗透在企业各项活动之中，能够形成一种较强的推动力，激发员工的工作积极性。

学习目标

☆ 了解饭店组织设计原则和组织结构。

☆ 认识饭店组织管理体制。

☆ 了解饭店企业文化建设。

☆ 掌握构建学习型组织的方法。

第一节　饭店组织设计原则和组织结构

一、饭店组织设计原则

1．目标统一原则

目标统一原则是指组织中每一个部门或个人的贡献越有利于实现组织目标，组织结构就越合理、有效。

这一原则要求饭店以事为中心，因事设机构、设职位，做到事与人的高度配合。如饭店组织要和市场紧密联系起来，有利于与市场信息的沟通，有利于强化促销，就要在饭店中设置营销部、公关部，前厅设置大堂副理和预订处，还要在餐饮部内设置营业部等，这些都是和市场相联系的组织形式。

2．用人标准要为目标服务原则

饭店处在激烈的市场竞争中，现在的饭店不仅仅有效益好坏的问题，而且还面临生存问题，它要靠人去营造生存空间，然后再由人创造效益。所以，就饭店来说，用人标准要“德才兼备，以德为重”。为了实现饭店的经营目标，必须选拔那些“本质好、会管理、懂业务、自身素质好”的人员到管理岗位上来。饭店要有一套用人的竞争机制，有一套人才选拔的方法，使优秀人才都能脱颖而出。

3．权力和责任一致原则

权力和责任一致原则是指组织中每个职位的职权和职责越对等一致，组织结构就越有效。

在饭店管理中，管理者的权力应由组织给予明确规定。各级管理者拥有权力的同时，也应担负相应的责任。饭店组织的要求是把责任明确地落实到人，什么责任该谁负，谁该负什么责任都应该很清楚。

4．统一指挥原则

统一指挥原则即组织中除了最高层的主管外，每一个人都只对其唯一的直接上级负责，服从其命令和指挥，向其汇报工作。这个原理贯彻得越彻底，整个组织的指挥就越统一、有效，相互矛盾的指令问题就越少，而员工责任感也会越强。

为了确保统一指挥，应注意以下问题：

（1）上级指示从上到下逐级下达，不允许发生越级指挥现象。

（2）非特殊情况，下级不得越级上报。

5．有效的管理幅度和管理层次原则

有效的管理幅度和管理层次原则即组织中管理幅度与层次越是适当，就越能够保证组织的有效运行。

管理幅度又称管理跨度，是指某一特定管理人员直接管辖的下属人员的数量。管理层次是管理组织纵向系统的层级。要保证组织运行的有效性，就必须处理好管理幅度和管理层次问题，它们是协调组织中各层次、各部门以及个人工作的一个重要方面。

饭店中各层次的管理幅度从高到低一般为 3～15 人，其中高层 3～6 人，中层 8～10 人，基层少于 15 人。饭店组织层次可以形象地用金字塔来表示，一般分为三至四个管理层次，如图 3—1 所示。

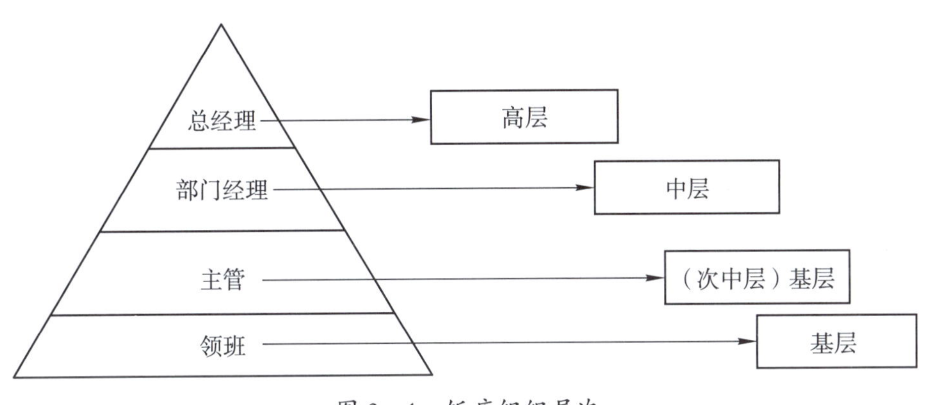

图 3—1　饭店组织层次

6．团结一致原则

组织是一个系统，饭店组织要把系统中的各部分、各种资源凝聚成一股力量指向目标。因此，饭店内部要团结，但团结是有原则的，要以目标为准则，以正气为前提。在处理不团结问题时要分清是非，坚持真理，批评错误，纠正错误，使团结成为一种风气。

7．稳定性和适应性相合原则

稳定性和适应性相合原则是指越是能在组织结构的稳定性与适应性之间取得平衡，就越能保证组织的正常运行。

一般来说，组织要进行实现目标的有效活动，就要求组织结构维持一种相对平衡的状态，组织结构不宜频繁调整，应保持相对稳定。但是，由于组织和组织赖以生存的环境也是在不断变化的，当组织结构不能适应外部的变化时，就要适当调整，重新给组织带来效率和活力。

专题活动

教师组织学生就下列专题进行分析比较：

1. 根据目标统一原则，部门设置越多越好，还是越少越好？
2. 根据用人标准要为目标服务原则，管理人员是德重要，还是才重要？
3. 根据有效的管理幅度和管理层次原则，管理层次越多越好，还是越少越好？

二、饭店组织结构

饭店的组织结构是指饭店各部分的划分，包括各部分在组织系统中的位置、集聚状态，以及各要素相互关系的形式。饭店组织结构一般包括层次的划分、部门的划分、职权的划分及相互间的协调等基本内容。

1. 层次的划分

饭店组织层次一般划分为四层：高层、中层、基层、操作层或作业层。其中，前三个层次属于管理层，主要是从事管理工作的管理系统及管理人员，而操作层或作业层则主要是负责具体工作的操作人员。

美国斯隆管理学院曾提出过一种叫作“安东尼结构”的管理层次结构，其组织各层次的分工见表3—1。

表3—1　“安东尼结构”分工

项目＼层次	高层	中层	基层
主要关心的问题	是否上马、何时上马	怎样上马	怎样干好
时间期限	3～5年	0.5～1年	周或月
视野	宽广	中等	狭窄
信息来源	外部为主，内部为辅	内部为主，外部为辅	内部
信息特征	高度综合	中等汇总	详尽
不肯定因素与冒险程度	高	中	低

2. 部门的划分

部门划分的目的，在于确定组织中各项任务的分配与责任的归属，以求分工合理、职责分明，有效地达成组织的目标。

（1）饭店的主管机构

饭店的主管机构是指饭店的投资者，它对饭店产权有最终决策权，并以所有者的身份监督并约束经营者的经营管理行为。主管机构在一些饭店可能不存在，如独资自行管理的饭店，但饭店有主管机构的体制在我国是普遍存在的。

（2）饭店内部各部门的划分

一般情况下，根据业务内容的不同，饭店的部门有前台部门和后台部门。前台部门是指对客服务的部门，主要有销售部、公关部、前厅部、客房部、餐饮部、康乐部等。后台部门是指为一线部门服务、不直接和顾客接触的部门，主要有人事部、财务部、工程部、保安部、采供部、办公室等。

（3）其他机构的设置

根据我国的国情、法律、政治经济体制等，饭店还要设置其他机构。一是党组织的领导机构。它要对饭店的正常运行、经营决策、实现组织目标起监督保证作用。二是工会、共青团、妇女组织机构。工会是职工代表大会的常设机构，通过职工代表大会的形式使职工行使民主管理的权利，监督饭店的活动，维护广大职工的利益。共青团、妇女组织是饭店的群众组织，根据组织章程，它们一方面要从组织成员的特点出发，引导他们在饭店中发挥积极的作用；另一方面要维护组织成员的权益。

3．职权的划分

职权是指经由一定的正式程序赋予某项职位的一种权力，是处于某一职位的人要求其部属为完成组织目标而做或者不做某些事的权力。组织内的职权有三种类型：

（1）直线职权

直线职权指某职位或某部门所拥有的直接指挥权，包括发布命令及执行决策等的权力。相应地，拥有这种职权的管理者称为直线主管，他们是能领导、指挥和监督其下属的管理人员，如饭店经理、主管和领班。

（2）职能职权

职能职权是指某职位或某部门所拥有的进行专业管理的权力。如饭店大堂副理就有处理客人投诉的权力。

（3）参谋职权

参谋职权是指某职位或某部门所拥有的辅助性职权，包括提供咨询、建议等的权力。

4．饭店组织结构类型

我国有多种经济成分和多种投资形式，饭店也有多种管理模式，于是形成了饭店组织结构的多种类型。在此仅介绍几种最主要、最基本的组织结构。

（1）直线制组织结构

直线制组织结构是按直线垂直领导的组织形式，职权是从组织的上层“流向”组织的基层，上下级的关系是直线职权关系。它的特点是组织中各个层次按垂直系统排列，饭店的命令和信息是从饭店的最高层到最低层垂直下达和传递，各级管理人员对所属下级拥有直接的职权，组织中每一个人只能向一个直接上级报告。直线制组织结构比较适合规模小、业务较单一的饭店。直线制组织结构如图 3—2 所示。

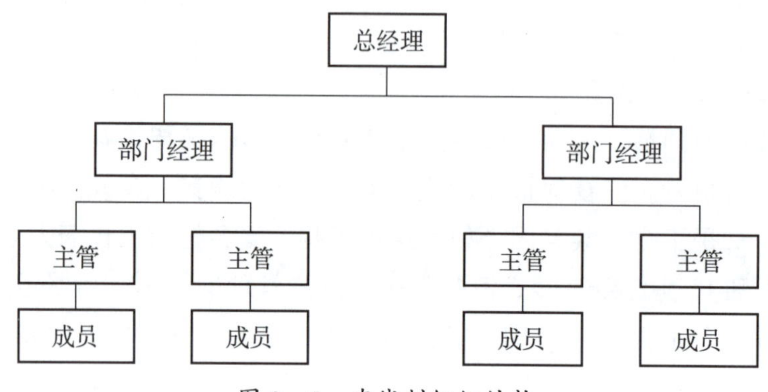

图 3—2　直线制组织结构

（2）职能制组织结构

职能制组织结构是在总经理领导之下，各职能部门在本部门业务范围内对各部门拥有指挥和指导权。它的特点是把饭店所有的部门分为两大类：一类是业务部门（也称直线部门），另一类是职能部门。业务部门按直线的原则实行垂直指挥，如饭店的前厅部、客房部、餐饮部、娱乐部、工程部等均属于业务部门。职能部门不直接从事接待和供应业务，而是为业务部门服务，按分工和专业化的原则执行某一项管理职能。饭店的办公室、人事部、财务部、保安部均属职能部门。实践中，饭店一般不采用这种组织结构形式。

（3）直线职能制组织结构

直线职能制组织结构是以直线制为基础，吸取职能制的某些优点综合而成的一种组织结构。目前，我国饭店普遍采用直线职能制的组织结构。具体是指饭店业务部门按直线的原则进行组织，实行垂直指挥，业务部门管理者在自己的职责范围内有对业务的决定权，能对其所属下级实行指挥和命令而负全部责任；饭店职能部门按分工和专业化的原则执行某一项管理职能，职能部门的管理者，只能对业务部门提供建议和相关管理职能的业务指导，不能指挥和命令业务部门。直线职能制组织结构如图 3—3 所示。

（4）事业部制组织结构

事业部制组织结构是指在总公司领导下，按地区或服务对象等设立多个事业部，各事业部内部在经营管理上拥有自主性和独立性，实行独立经营、独立核算。这有利于发挥事业部的积极性、主动性和创造性，提高各事业部管理的灵活性和对市场的适应性。它最突出的特点是按照“集中决策，分散经营”的

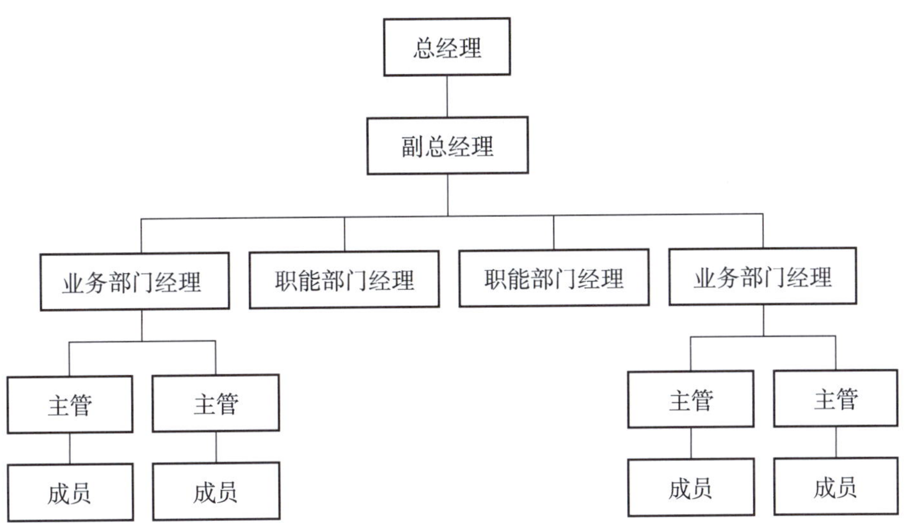

图 3—3 直线职能制组织结构

原则设计和建立组织结构。有关饭店统一方针政策的确定和控制是集权的，由公司总部负责；而在有关方针政策的运用与执行方面是分权的，由各事业部根据总部的要求独立经营。事业部制组织结构是在集权领导下进行的分权管理。这种组织结构形式在规模较大的大型饭店、饭店管理公司和饭店管理集团被广泛采用。事业部制组织结构如图 3—4 所示。

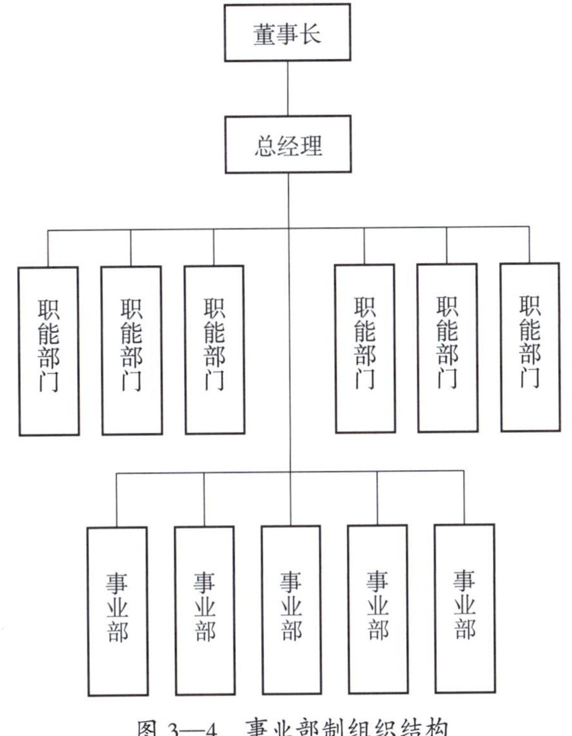

图 3—4 事业部制组织结构

饭店的组织结构主要有以上四种类型。由于饭店组织的目标、性质、规模、特点等的不同，组织结构的类型也是千差万别，各具特色。除了以上四种组织结构形式外，饭店还可以有其他的组织结构形式。

第二节　饭店组织管理体制

饭店组织管理体制就是在国家、地方、部门和行业针对饭店经营活动制定的法规政策的指导下，饭店自身制定的一系列规章制度。

一、经济责任制

简单地说，饭店的经济责任制就是在确定了组织目标后，把组织目标以指标的形式进行分解，层层落实到部门、班组、个人，并按照责、权、利相一致的原则实行效益挂钩的一种管理制度。经济责任制的核心是责、权、利的一致，这种一致是以制度或内部合同的形式予以确定的。

经济责任制的内容主要有：通过决策制订计划，提出组织目标，分解计划指标并把它落实到各部门及班组，从而提出各部门及班组的经济责任；为保证完成经济责任，饭店要给部门及班组授权并创造必要的条件，提出完不成、完成、超额完成计划指标的经济利益分配，即收益与效益挂钩；经济责任制要提出收益与效益挂钩的具体办法，对完成经济责任的考核，要提出时间、考核项目、考核方法，根据考核的实绩兑现分配，从饭店到个人层层落实经济责任制的分配方案。

饭店经济责任制具体落实到不同的管理层活动当中，分别体现为饭店经济责任制、业务部门经济责任制、职能部门经济责任制和班组经济责任制。

履行经济责任制是一项很细微的工作，从制订计划、分解指标到考核业绩、落实分配都有很细的工作要做。同时，又是一项政策性很强的工作。该制度旨在调动全体员工的积极性。但如果处理不当，又会挫伤员工的工作积极性。在制定经济责任制时，一定要十分谨慎，在经过反复讨论后才可出台方案。经济责任制每年要制定，在实施的过程中根据情况变化还要作修订。

二、岗位责任制

岗位责任制是以岗位为单位，通过一定的规章制度，具体规定了每个岗位及该岗位人员的职责、工作内容、工作范围、作业标准、权限、工作量等的责任制度。岗位责任制是饭店各项规章制度的核心制度，它强调岗位、个人、责任，涉及每一位员工，要使每个员工都明白自己所在的岗位要完成哪些工作，以及如何做好本职工作。

饭店岗位责任制的内容主要有岗位名称、上下级隶属关系、职责、工作范围、权限、任职资格等。

三、员工手册

员工手册规定了饭店每一个员工应该遵守的纪律与行为准则，以及相应的权利和可以享受的待遇。每一家饭店的员工手册的内容都有自己的特点。一般来说，员工手册的制定有三方面的依据。第一，依据我国政府有关的人事劳动法规。如我国《劳动法》规定每周工作 5 天，每天工作 8 小时，员工手册中规定的工作时间就不能超越这一界限。第二，依据饭店工作的特点。如作为饭店工作对象的客人在一天 24 小时的任何时刻都会来到饭店，因此，饭店业是每天 24 小时、每周 7 天、每年 365 天工作的行业。这就要求员工接受不规则的工作时间，由主管来安排早班、中班或晚班，某一天可连续工作 16 小时，但一周工作时间不超过 40 小时。第三，依据国际饭店业的惯例。如提供工作服装、享受免费的工作餐等。

员工手册的内容应该包括员工在饭店工作中会遇到的一系列权利、义务与沟通方式的规定。员工通过学习员工手册，可以明确自己在服务过程中该做什么，不该做什么，这也是饭店管理的重要内容。下面就饭店员工手册的主要内容作简要介绍。

1. 序言

这一部分要说明的主要内容是：概述饭店基本情况与要求，说明员工手册在饭店经营管理活动中的重要性与必要性，并要求员工经常查阅这一手册、遵循这一手册，以及有任何疑问可以直接向人事部门询问等。

2. 组织结构

这一部分说明饭店各个部门的划分及相互间的关系。在饭店员工手册上通常可以见到饭店的组织结构图和相关说明。如有必要，员工手册还可以对饭店各类服务设施、服务特色和饭店的发展历史予以阐述，这样既能增强员工对饭店的荣誉感，又便于员工向客人介绍和推销饭店的各种服务。

3．聘用条件

这部分内容包括两个方面：一是对员工工作时间、加班及报酬的规定，还包括对员工招聘、录用、培训、辞退、除名等问题的说明；二是有关员工的医疗费用、病事假制度，以及膳食、津贴和假期的规定与说明。

4．规章制度

这部分内容是指员工被饭店录用后应该在日常工作中遵守的行为准则。这方面的内容写得越详细越好，这样经过员工手册的学习，员工对自己在饭店的工作行为才能有章可循。

5．奖惩条例

如何通过奖惩使员工保持积极的工作热情与良好的行为规范，这是饭店奖惩办法要解决的问题。奖励的办法至少有两种：其一是优秀员工的评选，如有的饭店每月评选一次部门优秀员工，每年评选一次全店优秀员工；其二是每年年底对每个员工的实绩进行一次全面考核，以此为依据决定是否继续聘用员工以及如何增加工资。处罚的内容包括处罚的种类、方式，以及员工申诉的办法等。

6．员工手册的解释与修订

饭店应该说明员工手册的解释权属于饭店。员工手册要依据政府法规、饭店特点和国际惯例经常进行修订。

专题活动

教师通过网络获取或实地考察获取本地区有代表性的某饭店的员工手册，在教学中，让学生认识员工手册中的具体内容，了解在饭店中全体员工共同拥有的权利和义务及其应遵循的行为规范。

四、工作制度

工作制度一般指前台部门的服务规范、程序和后台部门的操作规范。总台接待员的接待程序与规范、楼层客房服务员打扫客房的程序与规范、餐厅引座员的工作程序与规范等均属前者，而财务制度、仓库领货制度、培训制度等则属后者。工作制度的制定须以国家和行业有关标准化规定为依据，各饭店制定的工作制度不可低于国家有关标准。

知识链接

某饭店前台工作程序

某饭店根据旅游者下榻饭店之前和住进饭店以后的活动规律，将前台的迎送接待工作分为七个步骤：

1. 办理顾客预订房间手续

首先填写预订卡片，其中包括顾客姓名、住址、电话号码、所需房间的等级，以及支付方式、到达时间和离店时间等。接受预订以后，要电话告知顾客，确认顾客的预订。另外，饭店还备有一部分空房间，随时接待零散顾客和没有事先预订房间而直接来到饭店下榻的顾客。

2. 登记住宿，为顾客开房

不管是事先预订的顾客，还是没有事先预订直接来到饭店的顾客，前台迎宾人员和客房销售人员都要马上接待顾客并为顾客登记，分配房间。

3. 确定客房等级、价格，为顾客分配房间，交给顾客客房钥匙或房卡

顾客完成登记住宿手续以后，前台客房销售人员要马上为顾客开房，写明房间等级、价格，并把顾客住宿登记卡片存档，以备记录顾客在饭店的一切费用。

4. 建立顾客在饭店的费用总账卡

顾客开房，确定了客房等级以后，就要建立顾客在饭店的费用总账卡，每天将顾客在饭店的每项费用累计核算并转到前台结账部。

5. 办理顾客离店的结账手续

当顾客离开饭店时，前台结账部负责办理结账手续。与此同时，要求顾客交回客房钥匙或房卡，并与客房部联系马上查房。在给顾客结账时，要说明顾客在饭店住宿期间产生的各项费用，并请顾客核实后，再进行结账。

6. 收银存款，平衡顾客账目

顾客结账离开饭店以后，由于顾客已支付饭店的一切费用并收取收据，顾客的结账账目清单应回归于零。顾客的结账方式一般有三种：一是现金支付，这是最理想的；二是用信用卡支付，这种支付方式比较方便和安全；三是使用企业之间的记账单来支付饭店费用。收银存款，平衡顾客账目以后，前台工作人员要马上通知客房部，该房间已不再占用，要马上整理以便重新租用。

7. 将顾客在饭店的登记卡、结账单等各种凭据存档

存档的作用一方面是分析饭店的客源市场，另一方面是为了一旦发现什么差错，可以提供证实材料。

第三节 饭店企业文化建设

饭店企业文化是饭店经营管理的精神支柱，其实质是就是饭店企业价值观。任何一个饭店组织有了共同的价值观念，就意味饭店员工思想能统一到企业组织的总目标上，员工能自觉地为实现组织总目标而调控自己的行为，团结协作，贡献自己的力量。

一、饭店企业文化的特点和功能

1．饭店企业文化的特点

（1）无形与有形相统一

企业文化包含的各种价值因素、信念因素、道德因素、心理因素等，是作为一种文化心态和氛围存在于特定的人群之中的，因此它具有无形性。但作为企业文化的载体，如人的行为方式、饭店的各种规章制度、对客服务过程等却是有形的。我们正是通过对有形事物的观察、分析和研究，才能把握无形的各具特色的企业文化。

（2）稳定与动态相统一

稳定性主要体现在企业文化要经过长期的培育、倡导、灌输、塑造才能建立起来，而这种企业文化一经形成，又能够产生一种较大的精神力量，较长时期地发挥作用。动态性主要体现在企业必须是一个开放系统。企业文化的活力和建设的好坏，就在于不断地根据变化着的形势进行创新，不断更新企业文化。

（3）观念与实践相统一

企业文化在形态上表现为一种观念、一种认识、一种群体意识，它只有在实践中才可能被人所充分认识，认识来源于实践。无疑，企业文化的核心内容——价值观念作为一种认识，也离不开企业的经营管理实践活动，它既来源于实践，同时又指导实践，为实践服务。

2．饭店企业文化的主要功能

（1）凝聚功能

饭店企业文化是以广大员工共同的价值观念、价值取向、奋斗目标为前提的。它又形成全体员工共同的精神状态、理想信念，因此能够使企业员工产生一种强烈的归属感、命运共同感和集体荣誉感，从而使他们把自己的命运、前途和企业的命运、前途紧紧地联系在一起。企业文化的这种凝聚功能，在企业的危难之际和创业、开拓之时，更能显示出强大的力量。

（2）导向功能

企业文化的导向功能主要表现在企业价值观对企业主体行为，即饭店企业管理者和广大员工行为的引导上。激发员工的自觉行动，把自己的一言一行经常对照企业价值观进行检查，纠正偏差、发扬优点、改正缺点，力求使自己的行为符合企业目标的要求。

（3）激励功能

积极的企业文化强调尊重每一位员工，相信每一位员工，凡事都以员工的共同价值观念为尺度，而不是单纯以领导者个人的意识为尺度，员工在企业中受到重视，参与愿望能够得到充分满足。因此，企业文化能够激发员工的工作积极性和主动性，使他们以主人翁的姿态关心企业的发展，贡献自己的聪明才智。

（4）约束功能

企业文化以广大员工共同的思想、理念、信仰、意识为指导，以制度建设和行为规范为表现形式，因而必然具有约束功能。企业文化对员工行为具有无形的约束力，能够促使员工根据规章制度的要求去控制自己的行为，从而更加主动、热情、周到、细致地为客人提供优质服务，自觉抛弃那些不良行为。

（5）协调功能

企业文化的形成使得企业员工有了共同的价值观念，在较好的企业文化氛围中，相互间能愉快地交流和沟通，减少各种不必要的摩擦和矛盾，员工工作心情舒畅，企业上下左右的关系较为密切和协调。

二、饭店企业文化的基本结构

1．企业价值观

企业价值观是指在价值主体中形成的对客观事物的是非曲直所持的态度和认识，即价值取向。这种价值观贯彻于人的整个活动过程的始终，也贯彻于管理活动的始终。所以，企业价值观是整个饭店企业文化系统，乃至整个企业经营管理的文化内核，是企业文化的灵魂，是企业生存的基础。

2．企业精神

企业精神是指在饭店经营管理过程中长期形成的全体员工的一种精神状态，一种占主导地位的心情和态度。健康的企业精神始终引导员工奋发向上，自强不息，是企业生存、发展和兴旺的重要标志，也是企业文化的核心内容。

现代饭店企业精神内容突出表现在创新精神、团队精神、艰苦创业精神、竞争精神及参与奉献精神等五个方面。

3．企业道德

企业道德是指企业及其员工在企业长期经营活动中所形成的道德观念、道德意识、道德规范和行为。它以社会道德为基础，以商业道德和职业道德为主要表现。为此，饭店企业道德建设要以社会道德为指导，以商业诚信为中心，确定饭店和员工的是非观念、善恶尺度，并以此规范饭店和员工的道德规范和行为，它贯串于企业经营活动的始终，对企业文化的其他因素和整个企业活动都有着深刻的影响。

4．企业形象

企业形象是企业文化的外显形态，既是企业文化的一个组成部分，又是企业文化的载体。良好的企业形象是企业的无形资产和宝贵财富，是饭店企业在竞争中取胜的基础和重要条件。

企业形象包含的范围相当广泛，其主要要素表现在理念形象、产品形象、服务形象、员工形象、经营管理形象、公共关系形象和环境形象等方面。

三、饭店企业文化建设的策略

搞好饭店企业文化建设是一项复杂而艰巨的系统工程，需要系统规划。重点是要从以下方面开展工作。

1．抓住时代的特点，体现企业自身个性

企业文化建设必须从本企业的特点出发，缺乏个性特点的企业文化是没有生命力的。这是创建企业文化的核心。因此，企业文化建设应反映社会的本质特征和时代精神，用大文化指导小文化，同时根据饭店企业自身的性质、等级规格、接待对象、人员特点、服务特色等，从自身的特色出发，搞好企业文化建设，形成自己的企业文化。

2．提高领导认识，发挥模范作用

企业领导人作为企业文化的发起者和新文化的积极倡导者，他的言行和形象对企业文化的发展影响极大。企业领导人只有使自身的品德、情感、能力、作风、行为更充分展示所倡导的文化的特点，身体力行，率先垂范，才能带出一种好的作风和好的精神面貌。这是创建企业文化的保证。

3．培养企业精神

培养企业精神，形成良好企业文化，可以塑造和培植企业发展的凝聚力、道德规范的塑造力，并在饭店接待服务过程和经营管理过程中发挥十分重要的作用。

4．继承传统文化，开创新的领域

继承传统文化，开创新的领域，是创建企业文化的宗旨。在深化改革和加大开放力度的同时，我们应继承一些优秀的传统，同时努力学习国外先进的饭店企业文化，古为今用，洋为中用，创造出更具活力的企业。

5．健全企业规章制度

饭店企业文化建设离不开规章制度。规章制度是饭店在经营管理时制定的起规范保证作用的各项规定或条例。规章制度文化是饭店企业文化的重要组成部分，是一定饭店价值观、企业精神等精神文化的反映和载体。

6．加强企业民主建设

加强企业民主建设，就是要让广大员工当家做主，参与饭店企业管理，参与企业决策，参与企业文化建设，建设一个牢固的企业命运共同体。

案例分析

细节服务丰富企业文化

某宾馆的客房服务员小李在整理房间时，发现桌上放着一份刚吃了几口的饭菜。这饭菜是顾客吃剩要扔的？还是有急事来不及吃而放在这儿的？小李认真考虑后，决定用保鲜膜将饭菜封好，寄存在餐厅的冰箱里，并在放饭菜的位置给顾客留了一张便条：“尊敬的 × 先生，我是 ×× 号服务员，在为您整理房间时，我发现桌上的饭菜，我想您可能还要继续用餐，因此我把它寄存在餐厅里，您如果还需要，请打服务中心电话 ×××，我们将为您加热后尽快送上。”果然，一个小时后服务中心的电话响了，正是那位顾客打来的电话。事后那位顾客对小李的做法大加赞扬。

分析提示：在这个案例中，如果小李根据自己的判断，认为顾客还要继续食用饭菜，不动顾客的饭菜，顾客回来后也不会说什么，但也绝对不会赞扬小李，但如果小李判断错误，将顾客的饭菜当垃圾扔掉，那么就可能导致顾客的不满。所以，细节服务和员工的素质是密不可分的，但素质不是一天两天就能提高的，需要饭店进行系统培训。

人是需要精神支柱的，细节服务需要企业文化的潜移默化。从另一方面说，细节服务也可以丰富企业文化，细节服务做多了，积累多了，就能从中总结提炼出许多好的精神，而且这些精神源于自身，因此就更容易被消化，更容易引导和指导员工的工作。

7．进行系统的宣传教育

饭店企业文化要通过长期培育、倡导、灌输、塑造才能形成，因此，就必须积极做好宣传教育工作。这是创建企业文化的条件。要通过系统的多途径、多形式、多层次的宣传教育，使企业形成浓厚的企业文化氛围，让员工潜移默化地接受新的价值观，并逐渐用以指导自己的行为。

第四节　构建学习型组织

在现代科学技术信息时代，经济朝向全球化、一体化方向发展，饭店产品市场也不可避免地要重新组合，市场竞争空前加剧。在竞争中能否取胜，饭店的人力资本投资、知识、技术的创新和发展起了决定性的作用。因此，饭店必须持续不间断地学习，这是大势所趋，是饭店保持可持续发展，在激烈竞争中立于不败之地的必然选择。

学习型组织（饭店），是指为了培养整个饭店的学习气氛，充分发挥员工的创造性思维而建立起来的一种具有持续有效的学习和创新能力的组织。

一、学习型组织的特征

学习型组织（饭店）表现出不断学习、不断创新、不断持续进步成长的总特征。具体来说，还呈现出以下主要特征：

1．高度重视人力资本投资

学习型组织中，人力资源培训是处于中心地位的工作，相应地，培训部门也是居于饭店核心位置的部门。

2．善于不断学习

这是“学习型组织”的本质特征。学习型的饭店通过保持持续学习的能力，坚持做到“终身学习、全员学习、全过程学习和团队学习”。

3．内部形成浓厚的学习氛围

在饭店中，饭店员工进行学习是饭店工作的需要，饭店是通过员工的不断学习和进步得以发展的，因此，员工与饭店同学习、同发展，在饭店内部形成学习、进步的浓厚氛围。这是学习型组织的显著特征。

4．有强烈的学习意识

学习型组织的每一个成员，上至最高领导者，下至普通员工，均有接受教育、培训学习的权利和义务，组织为其成员提供学习和进步的机会；组织的领导者、管理者首先是学生，鼓励每个成员都要学习，都要当学生，抓住一切机会在工作实践中不断学习，甚至视失败也是一种学习的机会，允许组织成员工作失败，重在吸取教训，总结经验。

5．有创新意识和创新精神

学习型组织因为不断学习、不断进取，故思想意识绝不守旧，新思想和新观点受到鼓励和欢迎；同时，新知识和新技能的学习，又使组织成员有能力在实践中进行创新活动。

二、学习型组织（饭店）的构建

学习型组织既然是现代饭店持续发展的必然选择，我们就应适应客观要求，依据学习型组织的要求和主要特征，积极主动构建学习型饭店。

1．重新审视饭店培训的重要性、意义、作用与地位

饭店高层领导应提高认识，转变观念，必须立足于现代化的新高度，重新审视饭店培训的重要性、意义、作用与地位。饭店的培训是培养造就饭店人才的，可以说，没有饭店教育培训，就没有饭店的存在与发展。构建学习型组织，从领导管理层面，必须将教育培训置于饭店发展的战略地位，与此同时，也要将饭店培训部门置于重要的核心位置。

2．加大人力资本投资（培训）力度，增大饭店人力资本存量

现代社会的发展依赖于凝结在劳动者身体中的知识、技能和创造力，即人力资本。一要充分认识人力资本是比物质资本更重要的资本，是饭店最重要的资产；二要正视和深刻认识“有竞争力的饭店，是有大量人力资本投资（培训），能为员工提供学习和培训条件的饭店”，要自觉地加大人力资本投资（培训）力度，并始终把人力资本投资（培训）放在第一位；三要保证饭店人力资本投资（培训）持续不断进行，且根据饭店发展情况逐渐增加人力资本投资（培训），扩大人力资本积累。

3．营造良好的组织环境，形成良好的学习风气

饭店应建立一个真正平等、个人畅所欲言的组织环境，学习型组织才有成长的良好土壤，利用组织的行为准则、目标及其互动关系，对员工的学习、进步产生鼓舞、帮助、督促、制约作用，广泛调动饭店员工学习的积极性，树立起人人学习的新风尚，形成组织内良好的学习风气。

思考与练习

1. 举例说明权力和责任相一致原则。
2. 为了确保统一指挥，应注意哪些问题？
3. 什么是直线制组织结构，它有哪些特点？
4. 我国饭店一般采用什么组织结构？简要画出这种组织的结构图。
5. 简述经济责任制的主要内容。
6. 为什么说员工手册是饭店的“基本法”？
7. 简述饭店企业文化的五大主要功能。
8. 什么是饭店企业精神？它是主要包括哪些方面？
9. 搞好饭店企业文化建设，应从哪些方面着手？
10. 学习型组织（饭店）主要具备哪些特征？

第四章 饭店主要业务部门管理

饭店在抓好市场营销、不断开拓客源的同时，必须加强接待业务的管理，不断提高服务质量，降低经营成本，以取得良好的经济效益和社会效益。饭店接待业务的管理，最为基本的是前厅、客房、餐饮三个主要业务部门的管理。

学习目标

☆熟悉前厅部的职能、工作流程和任务。

☆熟悉客房部的清洁卫生工作及对客服务。

☆熟悉餐饮部餐饮服务的主要环节。

第一节　饭店前厅服务与管理

前厅部又称客务部、前台部，是饭店组织客源、销售客房商品、组织接待和协调对客服务，并为顾客提供各种综合服务的部门，是饭店经营管理中的一个重要部门，是整个饭店服务工作的核心。前厅部是饭店对外的“窗口”，是饭店的“大脑”和“神经中枢”，是联系顾客关系的“桥梁”和“纽带”。其运行的好坏，将直接影响饭店的整体服务质量、管理水平、经济效益和市场形象。

一、前厅部的作用与职能

1．前厅部的作用

前厅部的作用是与其所承担的任务相联系的，前厅部担负着销售客房及饭店其他产品的重任，对饭店市场形象、服务质量乃至管理水平和经济效益有至关重要的影响。

（1）前厅部是饭店的营业窗口，反映饭店的整体服务质量

一家饭店服务质量和档次的高低，从前厅部就可以反映出来。有人把前厅称为饭店的“窗口”，它的好坏不仅取决于大堂的设计、布置、装饰、灯光、设施设备等硬件条件，更取决于前厅部员工的精神面貌、工作效率、服务态度、服务技巧、礼貌礼节，以及组织性、纪律性等软件条件。

（2）前厅部具有一定的经济作用

前厅部的主要任务之一就是销售客房产品，客房收入通常在饭店营业收入中占有很大比重。它还可以通过提供邮政服务、电信服务、票务服务和租车服务等，直接取得经济收入，而且其销售工作的好坏还直接影响到饭店接待客人的数量。

（3）前厅部的协调和决策作用

前厅部犹如饭店的大脑，在很大程度上控制和协调着整个饭店的经营活动。由这里发出的每一项指令，每一条信息，都将直接影响饭店其他部门对顾客的服务质量。例如，当顾客来到总台办理入住手续时，接待人员应在为顾客安排好房间后立刻将顾客入住信息传达到客房服务中心，使其可以做好接待的准备

工作。同时，前厅部是饭店的信息中心，它所收集、加工和传递的信息是饭店管理者进行科学决策的依据。前厅部每天都要接触大量有关客源市场、产品销售、营业收入、顾客意见等信息，通过统计分析，及时将整理后的信息向饭店决策管理机构汇报，并与有关部门协调沟通，采取对策。例如在国外的一些饭店里，管理者就是根据前厅部所提供的顾客预订信息决定未来一个时期内房价的高低。

2. 前厅部的职能

前厅部的工作任务是由内部各机构分工协作共同完成的，因饭店规模等的不同，前厅部的业务分工也有所不同，但一般都设有预订处、接待处、问询处、收银处、礼宾服务处、电话总机、商务中心等主要机构。

(1) 预订处 (Room Reservation)

预订处的主要职能包括：

1) 熟悉并掌握饭店的房价政策和预订业务。

2) 受理客房预订业务，接受顾客以电话、信函、传真、互联网及口头等形式预订客房。

3) 负责与有关公司、旅行社等客源单位建立良好的业务关系，销售客房商品，并了解委托单位的接待要求。

4) 加强与接待处的联系，及时向前厅部经理及接待处相关岗位和部门提供有关客房预订资料和数据。

5) 参与客情预测工作，向上级提供 VIP 顾客抵店信息。

6) 参与前厅部对外订房业务的谈判及合同的签订工作。

7) 制订各种预订报表（包括每月、半月、每周和翌日顾客抵达预报）。

8) 参与制订全年客房预订计划。

9) 加强和完善订房记录及客史档案等。

(2) 接待处 (Check-in/Reception)

接待处又称“开房处”，通常配备有主管、领班和接待员。其主要职能包括：

1) 销售客房。

2) 接待住店顾客，为顾客办理入住登记手续，分配房间。

3) 掌握住客动态及信息资料，控制房间状态。

4) 制作客房营业日报等表格。

5) 与预订处、客房部等保持密切联系，及时掌握客房出租情况。

6) 协调对客服务工作等。

(3) 问询处 (Information)

问询处通常配有主管、领班和问询员，其主要职能是：

1）负责回答顾客问询，包括介绍饭店内服务项目、市内观光、交通情况、社团活动等相关信息。

2）接待来访顾客。

3）及时处理顾客邮件等事项。

4）提供留言服务（住客留言与访客留言）。

5）分发和保管客房钥匙等。

（4）收银处（Check—out/Cashier）

收银处亦称结账处，一般由领班、收银员和外币兑换员组成。因其业务性质所定，收银处通常隶属于饭店财务部，由财务部管辖。但由于收银处位于总台，与总台接待处、问询处等岗位有着不可分割的联系。收银处直接面对面地为顾客提供服务，是总台的重要组成部分。因此，前厅部也应参与和协助对收银处的管理和考核。收银处的主要职能是：

1）办理离店顾客的结账手续。

2）受理入住饭店顾客预付的住房押金。

3）提供外币兑换和零钱兑换服务。

4）与饭店各营业部门的收款员联系，催收、核实账单。

5）建立顾客账卡，管理住店顾客的账目。

6）夜间统计饭店当日营业收益情况，制作营业报表。

7）为住店顾客提供贵重物品的寄存和保管服务。

8）负责应收账款的转账。

9）夜间审核全饭店的营业收入及账务情况等。

（5）大厅服务处／礼宾服务处（Bell service/Concierge）

礼宾服务处的工作人员一般由大厅服务主管（金钥匙）、领班、迎宾员、行李员等组成。其主要职能是：

1）在门厅或机场、车站迎送顾客。

2）负责顾客的行李运送、寄存，确保其安全。

3）负责雨伞的寄存和出租。

4）负责公共区域寻人服务。

5）引领顾客进入客房，并向顾客介绍饭店的服务项目、服务特色等，伺机进行宣传。

6）负责递送客用报纸、顾客信件和转达顾客留言。

7）协助管理和指挥门厅入口处的车辆，确保饭店入口处的畅通和安全。

8）回答顾客问询，为顾客指引方向。

9）传递有关通知单。

10）为顾客提供召唤出租车和泊车服务。

11）负责办理顾客其他委托代办事项。

（6）电话总机（Switch Board）

电话总机一般由总机主管、领班和话务员组成，其主要职能是：

1）转接电话。

2）为顾客提供叫醒服务（wake-up call）。

3）提供“请勿打扰”（DND）电话服务。

4）回答顾客电话问询。

5）提供电话找人服务。

6）受理电话投诉。

7）接受电话留言服务。

8）办理国际、国内长途电话事项。

9）播放或消除紧急通知、说明。

10）播放背景音乐。

（7）商务中心（Business Center）

商务中心通常由主管、领班和文员构成，其主要职能是：

1）为顾客提供打字、翻译、复印、传真、长途电话和互联网服务等商务服务。

2）可以根据顾客需要提供秘书服务。

3）提供文件加工、整理和装订服务。

4）提供计算机、投影仪等设备的租赁服务。

5）提供代办邮件和特快专递服务。

6）提供顾客委托的其他代办服务。

二、前厅部的工作流程与任务

1. 前厅部的工作流程

前厅部为顾客服务的全部过程是一个完整的、循环的过程，传统的认识是将对客服务划分为顾客抵店、住店、离店三个阶段。然而在顾客实际到达饭店之前，许多有关客房销售的事务已经发生，因此，更为确切的认识是，为顾客服务全过程应开始于潜在顾客与饭店的第一次接触，直至办理离店结账手续，并建立客史档案，为下次与顾客接触做好充分准备为止。为此，可以将对客服务的全过程划分为顾客抵店前准备工作阶段、顾客到店接待服务阶段、顾客住店期间服务阶段、顾客离店服务阶段和顾客离店后服务阶段五个阶段，如图4—1所示，由此构成相互衔接的服务流程。

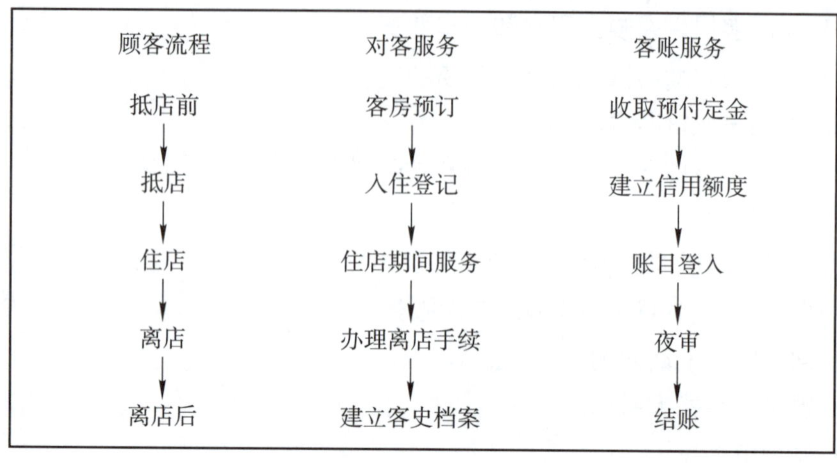

图 4—1　前厅部的工作流程

2．对客服务各阶段工作任务

（1）顾客抵店前准备工作阶段（售前阶段）

1）客源分类。一般可将客源划分为两大类，即已办理客房预订手续的顾客和未办理预订手续而直接抵店的顾客。已办理预订手续的顾客提前将住宿的需求以多种方式告知饭店预订处，预订人员则按工作程序要求受理预订业务。顾客的预订资料能使前厅部的预测、调整及组织等方面工作获得更准确的依据。同时，对已办理预订的顾客，前厅部可以按顾客要求在抵店前预留客房，并做好顾客抵店前的各项准备工作。对于未办理预订手续而直接抵店的顾客，由于无法提前知道顾客的具体需求，只能根据当时饭店的营业状况接待这些顾客，并提供相应服务。

2）接待准备。根据顾客预订资料中抵离店日期、特殊要求等有关内容，预订处要适时安排车辆和机场代表或行李员去机场、车站接顾客，并做好事先排房、准备礼品、提前通知相关部门或饭店领导等工作。准备工作应周到、细致，并为下一阶段的服务奠定良好的基础。

顾客抵店前准备工作阶段（售前阶段）工作任务具体包括以下内容：饭店营销人员进行市场分析并选定目标市场（由最高决策层进行决策），饭店公关人员确定饭店形象、宣传口号及营销方针，通过各种广告宣传媒介推出饭店形象及产品，由饭店选定的代理商推销饭店产品，顾客向代理商、饭店公关销售部、预订处或接待处订房，顾客在订房过程中，可能与饭店前厅部下属的电话总机、商务中心联系，预订处办理通过各种渠道订房的顾客的订房手续，并保存好订房资料。预订处向有关部门提供信息，由接待处下达接待指令，促使各部门做好顾客抵店前的准备工作，饭店驻机场代表到机场迎接顾客至饭店。

(2) 顾客到店接待服务阶段(消费开始阶段)

本阶段前厅部的主要工作任务是:到店迎候,行李服务,确认预订,入住登记,定价排房,确定付款方式,建立客账,传递信息。

无论是对已办理预订手续的顾客,还是对未办理预订手续而直接抵店的顾客,都要依照国家有关法律法规,办理入住登记手续。由于前厅部已掌握办理了预订手续顾客的个人资料,因而可以提前打印或填制入住登记表,顾客在到店时,经接待员查明客人身份证件后,可以很快入住,缩短在总台的滞留时间。对未办理预订手续直接抵店的顾客,接待员在定价、排房过程中,应进一步了解清楚顾客对所需房间的类型、位置、朝向等方面的需求,把握住面对面进行推销的机会。因此,未经预订的顾客需要相对稍长的时间办理入住登记、支付预付款等手续。在顾客办理完入住登记手续,得到客房钥匙和支配使用客房的权利后,即表明顾客住店期间服务阶段正式开始了。与此同时,顾客住店账户也随之建立起来。

(3) 顾客住店期间服务阶段(消费进行阶段)

本阶段前厅部的主要工作任务内容是:

1) 问询处为顾客提供问询和留言服务(有些饭店的问询处还负责客用钥匙的分发与控制工作)。

2) 接待员负责处理顾客换房、核对房态等服务。

3) 电话总机为顾客提供各种电话服务。

4) 提供各种委托代办服务。

5) 总台收银员为顾客提供贵重物品寄存、累计客账、账目查询、外币兑换等服务,以及催收应收款等工作。

6) 为顾客办理提前离店、延期续住等手续。

7) 接待处负责协调各部门的对客服务过程。

8) 商务中心为顾客提供各项商务服务。

饭店向经过信用调查并认可的顾客提供统一结账服务。饭店内各营业点收银员,将顾客的消费情况准确记录在收款凭证上,并及时将账单汇集在总台收银处,按房间号、类别、日期等顺序累计并收存在账单架中,以备日审、夜审和结算随时调用。在使用计算机系统进行日常营业管理的饭店中,所有顾客住店期间的账目均实行实时录入,“房号即账号”,计算机系统可随时依据指令,按类别或全部内容进行明细打印。

顾客住店期间,其身份、住店目的、居留期限、支付能力、心理状态、喜好、禁忌等千差万别,饭店本身的设施设备、服务质量、管理水平,以及社会、经济、政治等因素,都会对饭店经营产生种种意想不到的影响或冲击。因此,做好顾客住店期间服务阶段的各项服务工作，充分满足顾客的个性需求，其重要意义显得尤其明显和突出，是对客服务全过程中的“重中之重”。

（4）顾客离店服务阶段（消费结束阶段）

本阶段前厅部的主要工作任务是：

1）办理结账离店手续。顾客在办理离店手续时，总台收银员按账户设定、付款方式、预付款存额等情况，经核实后打印账单，并请顾客过目查看，确认无误后再予以收款。

2）主动征求顾客意见。前厅服务人员在顾客即将离店时，应主动、诚恳地征求顾客意见，并请顾客对服务的不足之处予以谅解，同时感谢顾客光临本饭店。这是进行二次推销和培养“忠诚顾客”（即回头客）的好机会。

3）将顾客离店信息通知相关部门。

4）大堂副理处理顾客的各种投诉（顾客在各个阶段都有可能投诉）。

5）送客离店。根据顾客离店时间和去处，主动征求顾客要求，及时安排行李员，优先照顾老、弱、病、残顾客及妇女和儿童，以及重要顾客。在店门、车门前送别顾客，最后祝愿顾客旅途愉快，并欢迎其再次光临。

6）更改房态并保证房态正确。

7）收银员完成对营业收入的夜间审核工作。

（5）顾客离店后服务阶段（消费结束后）

本阶段前厅部的主要工作任务是：

1）饭店驻外（机场、车站等）代表到机场、码头、车站等处送别顾客。

2）收回顾客意见调查表，汇总投诉及其他意见，分析整理后反馈到相关部门。

3）与顾客保持密切联系，必要时有针对性地主动促销（此项工作通常由公关销售部完成）。

4）把各项资料整理存档，填写、整理客史档案卡（或汇入计算机系统），保存有关顾客消费爱好的所有资料。未使用计算机管理的饭店，一般将“入住登记单”最后一联作为客史档案收存，还将该顾客住店期间的消费等情况记录在卡片上，然后按顾客姓名的字母顺序制作索引，收存在预订处客史档案柜内，以备随时查阅。使用计算机管理的饭店则只需在顾客入住时将户籍等资料保留，随时输入新的内容予以补充完善，即可长期利用。客史档案是否能够有效利用，还可以反映出饭店对客源市场和顾客需求的重视程度。

5）顾客离店时经常让总台服务人员在其离店后办理委托事项，例如找寻离店时遗忘的个人物品等。总台服务人员应按饭店委托代办服务规程要求和相关规定，快捷、妥善地予以处理，不使顾客留下遗憾，为饭店赢得信誉。

第二节　饭店客房服务与管理

客房部（Housekeeping department）又称房务部或管家部，是饭店向顾客提供住宿服务的部门。客房部为住店顾客提供各种客房服务项目，负责客房设施设备的维修保养，并承担着客房和饭店公共区域的清洁卫生工作。客房服务质量的好坏直接影响顾客对饭店产品的满意度，也对饭店的声誉和经济效益产生重大影响。

一、客房清洁保养工作及管理

清洁卫生在饭店的经营管理中具有特殊的意义，它是饭店商品使用价值和服务质量优劣的重要标志。客房部的主要任务之一就是"生产"清洁、卫生、舒适的客房商品，清洁卫生工作是客房服务与管理的重要内容。客房部的清洁卫生工作主要包括两个方面，即客房的日常清扫和公共区域的清洁保养。

1．客房的清洁整理

客房的清洁整理一般分为日常清扫和计划卫生两类。

（1）客房的日常清扫

为了保证客房清扫整理工作的效率和质量，负责客房清扫整理的服务员在清扫整理客房之前，必须充分做好各项准备工作，了解核实客房状态（如走客房、住客房、空房等），确定客房清扫整理的顺序。下面以走客房为例，介绍卧室和卫生间的清扫程序，如图 4—2 和图 4—3 所示。

（2）客房的计划卫生

客房的计划卫生是指在日常保持客房清洁卫生的基础上，制订一个周期性清洁计划，采取定期循环的方式，将客房中平时不易清扫或清扫不彻底的地方全部清扫一遍，以保证客房的清洁卫生质量，维持客房设施设备的良好状态。客户的计划卫生主要包括地面保养（地板打蜡、清洗地毯）、家具设备设施保养（木制家具打蜡、翻转床垫、冰箱除霜，以及擦拭铜器具、顶灯、烟雾报警器、空调出风口、门窗玻璃等）、除尘消毒（清洗浴帘和窗帘、地漏喷药、墙壁清洁）等内容。各饭店客房维护保养的计划虽然不尽相同，但基本上可以分为定期和不定期两类。客房部要制订计划卫生表，安排服务人员实施，并由领班检查计划的落实情况。

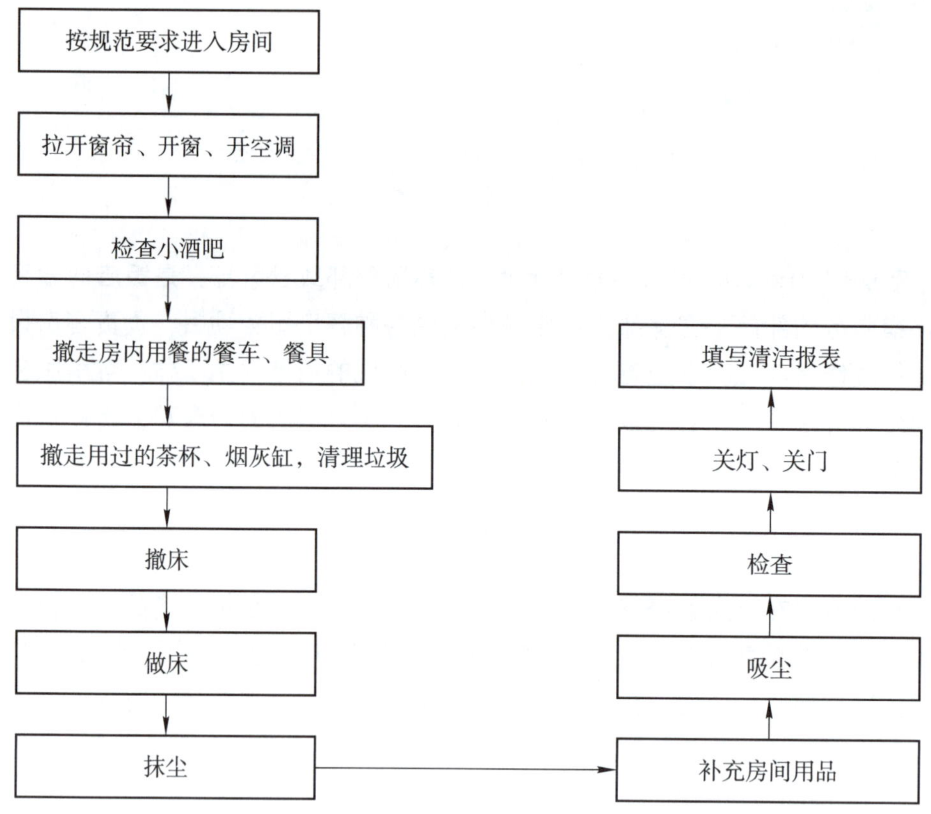

图 4—2　客房清扫程序（卧室部分）

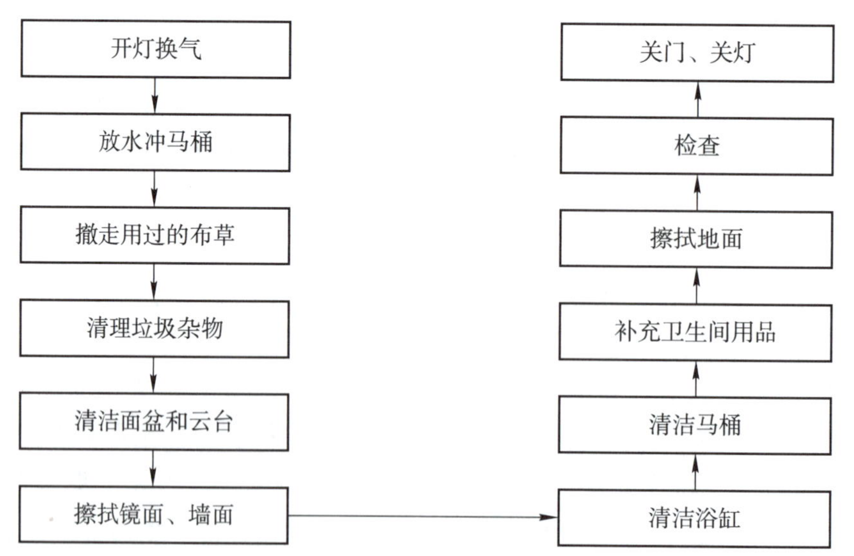

图 4—3　客房清扫程序（卫生间部分）

1）制订计划卫生日程。客房计划卫生一般可以分为每日计划清洁、季节性及年度计划清洁。每日计划清洁是指在完成日常的清扫整理工作外，每天都有计划地对客房某一部位进行彻底清洁。季节性及年度计划清洁范围较大，时间较长，一般安排在经营淡季进行，并且要与前厅部、工程部密切合作，以便实行楼层封闭并对设备进行检修。

2）准备计划卫生工具。每次做计划卫生前必须做好准备，所需工具主要包括梯子、安全带、清洁剂、干湿抹布、刷子等。具体需要哪些清洁工具和用品，必须根据每次计划卫生的具体地点、场所和清扫项目来确定。

3）做好计划卫生的组织实施工作。在制订计划卫生日程的基础上，一般由客房楼层主管或领班来组织实施，主要是安排每天计划卫生的人员、时间、工具用品使用等，以保证计划卫生工作的落实。

4）加强计划卫生检查。客房计划卫生完成后，纳入整体卫生检查中，由领班、主管检查以保证计划卫生质量。

5）注意计划卫生安全。计划卫生常常需要高空作业，如清洁门窗玻璃要站在窗台上，清扫高处灯管、墙角、天花板必须用扶梯等。因此，计划卫生一般必须两人一组，在充分运用安全带、扶梯、凳子，有人保护、确保安全的基础上进行，防止发生事故。

2．公共区域的清洁保养

公共区域清洁保养是对饭店的大堂和后台区域的环境及设备进行清洁和保养。公共区域的清洁保养工作是客房部的重要的工作，工作的好坏直接反映管理的水平。它能创造良好环境，吸引顾客，延长设备使用寿命。公共区域因在饭店中所处的位置和使用的对象都与客房不同，故其清洁保养的要求也有所不同。

（1）大厅

大厅几乎没有休息的时候，所以需要不停地清洁保养。大量的过往顾客和短暂停留者不时地带来尘土、足迹、纸屑等，而每一位新来的顾客又都在这里得到至关重要的第一印象。这里是饭店的门面。

通常，负责大厅清洁的服务人员的主要工作是整理座位和除尘（抹尘和推尘）。如果厅内有水池，服务人员还应用夹子清除池中的垃圾、杂物。在活动频繁的白天，服务人员要能及时地、不易被人察觉地不断重复着以上的工作。遇上雨雪天气，服务人员不仅要在门口放上存伞架，还应在大门内外铺上踏垫和小地毯，同时需要更为频繁地清除地面上的泥沙和水迹，并在必要时更换踏垫或小地毯。否则，不仅有损大厅的整洁，还可能给整个饭店的地面清洁保养带来麻烦。

那些在营业高峰期间不方便做的工作，往往都安排在顾客活动较少的夜晚或清晨进行，如吸尘、洗地、抛光打磨、家具清洁、墙面除迹、设备维修等。

(2) 电梯和自动扶梯

与大厅一样，电梯与自动扶梯也都不断有顾客在使用。电梯里的地毯特别容易脏，四壁也会留下指印和磕碰的痕迹，在封闭的环境里特别惹人注目。因此，服务人员应对电梯进行定时清洁，管理人员应对此多加注意。

电梯的全面清洁一般是在夜班期间进行的。电梯地毯应多备几块，以便定期或临时清洁与更换。有些饭店还定做了精致的星期地毯，这对于有条件的饭店来说，确实是个值得仿效的做法。

自动扶梯一般也在夜班期间作彻底清洁。玻璃护板要擦亮，金属件要除渍保养，踏板槽里往往嵌有一些脏物，一定要细心地清除掉。清洁保养得法，才能显示出设施本身的魅力。

(3) 餐厅、舞厅和多功能厅

餐厅、舞厅和多功能厅需要仔细清洁。顾客在这些地方落座之后，难免会左顾右盼。他们对于桌椅和地面的清洁状况有时是很挑剔的，因而，要经常进行仔细的检查和清洁。

鉴于餐厅营业时间长短不一，客房部要妥善安排好各餐厅的清扫时间并主动争取餐厅员工的积极配合。在餐厅营业时间内有清洁需要时，必须及时地予以处理，如汤汁食物等倾洒于地上等。否则，不仅有碍观瞻，而且可能造成硬地打滑或地毯上的污迹不易清除等情况发生。不少饭店考虑到工作的迅捷和方便，往往要求在营业期间的清洁问题由餐厅自行解决。对此，客房部应予积极配合，如工作用品的配备和清洁方法的指导等。

餐厅的全面清洁保养一般在夜晚停业之后至次日开餐之前进行。由于餐厅的陈设布置差别很大，故难以一一详述其清洁项目，但通常的工作内容有以下几项。

1）清除餐椅上的食物碎屑及污迹。

2）清洁桌椅腿、窗沿及通风口等。

3）清洁咨客台、账台及电话机等。

4）擦亮金属器件。

5）地面除尘或磨光。

6）有计划地为家具、灯具等进行清洁打蜡。

7）有计划地分批进行座椅和墙面的清洗。

舞厅和多功能厅的清洁任务和要求与餐厅基本相同，只是舞厅常安排在上午清扫，而多功能厅的清洁工作往往在活动前后进行。有时多功能厅的活动会比较紧凑，如会议、晚宴和演出连续进行，这就要求有事先周密的计划安排和现场有效的指挥和协调，至于多功能厅的座位布置，一般由营业部提出要求并检查验收。

（4）洗手间

在一些高级饭店或宾馆中，洗手间有专职服务人员负责随时进行清洁，并负责为顾客递毛巾、开门等工作，这无疑是一种高规格的服务模式。实际上，顾客对于洗手间的清洁卫生要求一向都很高，如果有异味或不洁会带来不良的影响，以致最后失去顾客，但在大多数饭店里，要安排专职服务人员显然很困难。

通常，饭店要根据自己的档次、客流量的大小和洗手间的设备状况确定清扫频率，以保证最基本的规格水准。这个频率可根据洗手间一天中使用情况的不同而有所不同。一般的清扫无非是抹水迹、擦金属件和镜子，以及补充一些用品，基本不影响顾客的行动。若需进行全面彻底的清洁，就必须在洗手间门外竖立一块牌子，说明关闭原因并指出临近洗手间的位置。为了保证洗手间的清洁卫生，这种大清洁除在夜班安排一次外，至少还应在白天顾客活动低峰期进行一次，如下午三四点钟左右。需要说明的是，即使一些饭店平时并不安排专人在洗手间服务，但遇重大活动时也可作临时的安排和调节。有服务人员在场不仅可提高洗手间的周转率，还可以防止或减少顾客财物丢失的现象，后者在女洗手间尤为重要。

（5）吊灯

吊灯在饭店里的位置往往是十分显要的，它甚至成了饭店豪华程度的象征。但大型吊灯的清洁保养却是一件令人头痛的事情。许多大厅的吊灯有成百上千件饰物，拆洗起来既麻烦又不安全。因此，如果吊灯不是明显脏的话，一般很少去清洗它。当然，现在有些饭店在灯饰的设计选用上已经注意到其清洁保养问题，如安装了滑轮组以便进行升降等。

（6）不锈钢和铜器

不锈钢和铜器在现代化的饭店里被普遍采用，它给饭店增添了色彩。通常，这些器件都必须每天清洁，否则就会失去光泽或沾上污迹。如果保养不当，其表面还可能变色或出现细微的划痕，从而破坏了原有的设计效果。

擦洗不锈钢和铜器都有专门的清洁剂，若用其他的清洁剂取代则危害较大。此外，因不锈钢和铜器的品质等也有差异，所以清洁剂的选用非常关键。对于那些镀铬、镀铜件，通常只需用抹布擦净即可，以免影响美观，缩短使用寿命。

二、客房对客服务及管理

客房对客服务工作能否做到高效、优质，取决于多方面的因素，其中，服务模式是一个极为重要的因素。目前，国内的饭店客房对客服务的模式主要有两种：一是设立楼层服务台，二是设立客房服务中心。客房部所提供的各项服务，是饭店服务的重要组成部分，在很大程度上体现饭店的服务水平，也是客房优质服务的关键所在。服务员不仅要做到“顾客至上，服务第一”，更要掌握各项服务的要领和服务技巧。

1．接待服务

客房的接待服务是饭店服务的主体。顾客入住饭店后，绝大部分的接待服务工作是在楼层完成的。楼层接待服务不仅要用整洁、舒适、安全和具有魅力的客房迎接顾客，而且还要随时提供主动、热情、耐心和周到的服务，使顾客“高兴而来，满意而归”。

楼层接待工作主要是由楼层台班服务员完成的，一般分为四个环节，即迎客准备工作、顾客入住时的迎接工作、住客的服务工作和顾客退房的服务工作。

（1）迎客准备工作

迎客准备工作即顾客到达前的准备工作，是接待服务过程的第一环节，准备工作充分，才能为整个楼层接待工作的顺利进行奠定良好的基础。

1）楼层服务台接到前台开房（预订房）通知单后，当班人员要做到“七知四了解”，即：知道顾客到店的时间，知道顾客国籍和身份，知道顾客的人数，知道团体的名称，知道顾客生活标准，知道收费办法，知道其接待单位；了解顾客意见和要求，了解顾客的风俗习惯和生活特点，了解顾客的活动日程，了解顾客退房、离店的时间。

2）清理好房间，为顾客准备好各种生活用品。对贵宾房，还应按接待规格，准备相应的鲜花、水果及总经理名片等。

3）检查房内设备和用品。设备用品如有故障或破损应及时报修和调换，以保证顾客居住期间设备工作正常，用品完整无缺。还要注意调试室温和冰箱内温度，保证水龙头出水顺畅、清澈。

（2）顾客入住时的迎接工作

普通顾客入住时，客房楼层服务人员通常只在楼层迎接，也无须专门恭候。如果顾客由行李员或其他人员陪同进入楼层，客房楼层服务人员遇到顾客时，面带微笑，热情问候和欢迎即可。如果顾客独自进入楼层，服务人员除了问候和欢迎外，还应主动帮助顾客提行李，引领顾客进房。在引领顾客进房时，服务人员要注意以下几点：

1）问清房号，请顾客出示房卡。

2）询问顾客是否可以帮其提行李。行走时，应走在顾客的侧前方，距顾客1.5米左右。

3）与顾客适当交谈。

4）严格按照进房程序进房。

5）如果发现客房有不妥之处，应请顾客稍等，并立即报告总台。

服务人员将顾客领进客房后，先将行李妥善地放置好。如果顾客是第一次入住本饭店，应适当地向顾客介绍客房内的设备、用品的位置和使用方法，提醒顾客有关注意事项。服务人员不宜在房内久留，以免影响顾客休息，引起顾客反感。服务人员离开客房时，应询问顾客有什么吩咐，并祝愿顾客在店期间过得愉快。

如果是贵宾入住，当贵宾在有关人员的陪同下到达楼层时，客房部的经理或主管、领班、楼层服务人员应在电梯口迎接，并随时做好必要的服务工作，如送茶、送毛巾等。

（3）住客的服务工作

住客的服务工作包括洗衣、送餐、拾遗、托婴、擦鞋、物品租借服务等。

（4）顾客退房的服务工作

顾客退房时的服务主要包括退房前的准备、离开时的送别、离开后的检查三个环节。

1）退房前的准备。服务人员要根据“当日进房、走客通知单”，了解当天有哪些顾客将要退房离店。在顾客退房前，要做好以下几项工作：认真仔细地检查顾客委托的代办事项是否都已办妥；顾客的有关费用是否结清，账单是否都已转送总台收款处；询问顾客需要什么帮助和服务，关注顾客的动态。

2）离开时的送别。当顾客要离开时，服务人员应热情地将顾客送至电梯口，为顾客按电梯按钮，将顾客送进电梯，以敬语向顾客告别，祝顾客旅途愉快并欢迎其再次光临。

3）离开后的检查。当顾客离开房间后，服务人员要立即进房检查，查看房间是否有设备物品缺少或损坏，顾客是否有遗留物品，是否带走了小酒吧的酒水饮料和食品等。如有上述情况，服务人员要立即通知总台。

如果楼层不设立服务台，没有专职值台员，一般顾客退房离店时，服务人员难以看到，也不会专门送别，而是由总台通知。在这种情况下，服务人员的主要任务就是接到通知后立即查房，并及时将检查结果报告总台。

2. 来访服务

来访服务直接影响顾客（包括访客）对饭店服务水准的看法，而且顾客会根据来访服务的好坏，决定是否成为饭店的“回头客”。客房服务人员对此项服务必须热情有礼，并给予足够的重视。

访客来访，应先在楼层服务台办理来访登记手续。客房服务人员在接待来访客人时，要特别注意如下几点：

（1）未经住客同意，不可将来访者引进客房。同时，不得随便将住客的姓名、房号告诉来访者。

（2）根据来访人数，可提供茶水和座椅服务，使访客和住客都满意。

（3）如果顾客不在房间，应请访客留言或到饭店大堂等候，不可让访客在楼层逗留，未经住客同意，访客不能在房间等候。

（4）来访期间，服务人员应勤巡视楼层，检查有否异常情况，并注意访客是否在没有住客陪同下带走贵重物品。

（5）访客探访时间不能超过饭店规定。

（6）要做好访客进离店的时间记录。

3．洗衣服务

为住客提供洗衣服务是一项比较细致的工作，有关人员必须认真对待，不能因缺乏常识或粗心大意而出现差错。洗衣服务的要点如下：

（1）当顾客要求收取湿洗、干洗衣物或熨衣时，楼层服务人员应马上到房间收取，注意检查是否有洗衣单，无洗衣单的，应请顾客自己填写。

（2）服务人员要认真核对衣物的件数，检查衣物口袋内是否有物品，纽扣有无脱落，有无严重污渍或破损，能否按顾客的要求洗烫，以及顾客在洗衣单上填写的内容与衣物是否相符等。有问题时，应当面向顾客说明，并在洗衣单上加以注明，免去不必要的麻烦。

（3）如发现衣物口袋里有遗留物品，应马上送回给顾客，如顾客不在房间，可把遗留物品放在桌上，如是贵重物品或现金，应马上送到客房部办公室。

（4）如洗衣单上没有填写洗涤要求，则应视为普通洗衣。

（5）服务人员要填写洗衣记录，内容包括房号、数量、名字、时间等。

（6）上午 10 时前收的衣服，通常在晚上 7 时前送回。超过上午 10 时交洗的衣物如要当天送回，则按加急处理且加收 50% 的费用。这些要向顾客解释清楚，以免误会。送回顾客衣物时，应将衣物放在房内显眼处。如果顾客在房内，应请顾客当面检查。如遇门外有“请勿打扰”标志，可将洗衣通知单从门缝塞进房内，通知顾客衣物已洗烫好，并请顾客在洗衣账单上签字。

（7）如不接受顾客的洗衣要求时，要将意见书连同衣物放回到房间。

（8）如果遇到洗衣投诉，要通知主管并与洗衣房做好协调工作。

（9）洗衣账单应及时转交前台收银处，记入顾客的总账单内统一结算。

4．客房小酒吧服务

为了方便住客在客房饮用酒、饮料和食用小食品，较高档的饭店都在客房内设有小酒吧（mini-bar），按规定的品种及数量配备烈酒、啤酒、汽水、果汁和佐酒的小食品等，还提供配套的酒杯、水杯、开瓶器、调酒棒、纸巾等用具用品。还要放上饮料账单，账单上列出所供应的饮料食品的品种、额定存量、价格，以及小酒吧的管理说明。

小酒吧的管理一般由台班服务人员负责，每天必须定时清点、及时补充。服务人员检查时要认真仔细，以免出现差错。检查后将顾客的耗用量填在核查单上，并按规定的品种和数量补齐补足，顾客用过的杯子及其他用品应撤换，并放上新账单。

5．拾遗服务

遗留物品大多在顾客退房离店后，服务人员在查房或整理房间时发现。服务人员应立即设法将遗留物品交还给顾客，对于不能当面交还的，要为其妥善保管遗留物品。

（1）拾获者在发现顾客遗留物品时，应及时通知总台查询顾客是否已经结账退房、离开饭店。

（2）若顾客尚未离店，应立即将遗留物品交还给顾客。

（3）若顾客已经离店，应将遗留物品上交客房服务中心或客房部办公室保管，并填写“遗留物品登记表”，记录拾获遗留物品的日期、时间、地点，以及遗留物品名称、数量、拾获者姓名等内容。

（4）将遗留物品作适当处理。

（5）注意事项：

1）遗留物品必须归口管理。遗留物品分部门或多部门管理，势必会给顾客带来不便。相当一部分丢失物品的顾客不会确切知道自己将物品丢失在何处，因此在多部门管理遗留物品的饭店，顾客的问询可能被转来转去，从而影响效率。此外，遗留物品的管理需要一套严密的程序，归口管理不仅可以提高效率，而且会使错误率降至最低限度。

2）明确专人管理。在设有客房中心的饭店，一般由客房中心服务人员负责登记和保管遗留物品。客房部秘书通常分管客房中心，因此遗留物品的保管也由客房部秘书负责。一般来说，客房部秘书应每月对遗留物品储存柜进行一次清点和整理。

3）配备必要的储存柜。饭店要视自身的规模和星级，配备放置遗留物品的储存柜，一些大型高星级饭店甚至要设专门的遗留物品储存室。如果遗留物品储存柜的空间太小，导致遗留物品塞满了橱柜，不仅会损坏遗留物品，而且还会使查找变得非常困难。

4）确定保管期。饭店行业对遗留物品的保管期没有硬性规定，惯例为3～6个月。高星级饭店的遗留物品中，有相当一部分是顾客不要的遗弃物，只不过顾客没有把它们放入垃圾筒而已，所以遗留物品的量很大，因此保管期比低星级饭店要短。贵重物品和现金的保管期一般为6～12个月，水果、食品为2～3天，药物为2周左右，衣物类保存前应先送洗衣房洗净。

5）确定保管期后的处理方式。客房部应对遗留物品超过保管期后如何处理做出规定。按国际上同行业的惯例，遗留物品应归物品的拾获者，但整瓶的酒须上交给饭店供餐饮部使用，开过封的酒应抛弃，贵重物品和现金须上交给饭店。国外一些饭店在找不到失主的情况下，会将物品拍卖并将所得钱款捐给慈善机构。

客房部的员工在处理顾客遗留的文件、资料时应特别慎重，凡未被放进垃圾筒的，都应被视为遗留物品，不可将其随意扔掉。对于顾客对遗留物品的问询，客房部应及时给予答复。

6．送餐服务

客房送餐服务是按顾客预订要求将餐食送进房间的一种服务。这种服务体现了饭店的档次、等级和豪华程度。一般饭店都设有客房餐饮服务部，如果顾客需要在房内用餐，只需打电话到客房餐饮服务部就可以了。如果顾客把早餐牌挂在房门外把手上，客房服务人员应及时收取，并检查是否填写房号、姓名、食品种类、日期等。客房服务人员将收集到的早餐牌做好记录后，统一交到客房服务中心转送到客房餐饮服务部。顾客用餐完毕，客房服务人员应主动协助客房餐饮服务部做好客房用餐的善后工作。

7．物品租借服务

一些饭店免费向顾客租借用品，如电吹风、电动剃须刀、万能插座、电熨斗、熨衣板、各类文具用品等。在顾客借用电器时，服务人员必须向顾客说明本饭店使用的是220 V的电压，并请顾客使用完后归还。

（1）顾客租借物品时，服务人员应问明租借物品的名称、要求、租借时间等，并详细记录在“租借物品登记单”上。

（2）服务人员将物品迅速送至顾客房间，请顾客在“租借物品登记单”上签字。

（3）借出物品时，服务人员要检查其清洁、完好情况，对电器类物品，还必须向顾客当面演示使用方法。服务人员在将转换插座或接线板送至顾客房间后不应立即离开，应主动帮助顾客接好插头，看所提供的转换插座或接线板是否符合要求。同时，这也给服务人员提供了一次观察机会，看顾客是否准备使用饭店禁用的电器。

（4）收回租借物品后，服务人员要检查完好情况，并做好记录。

（5）顾客离店时，服务人员要注意检查顾客有无租借物品和是否归还。

第三节　饭店餐饮服务与管理

餐饮服务在饭店中的地位非常重要，它是饭店满足顾客基本需求不可或缺的经营项目。餐饮部是饭店必不可少的主要对客服务部门之一，拥有一个设施完备、与顾客消费需求相适应的餐饮部，是维持饭店正常运转的必然要求。餐饮部在饭店中的地位日益显著和突出。它不仅要满足顾客对餐饮产品与服务的需求，为饭店在社会上树立良好的企业形象提供一个窗口，还要为饭店创造较好的经济效益。餐饮部的主要任务是以市场开发和客源组织为基础，以经营计划为指导，利用餐饮设施、场所和食品原料，科学合理地组织餐饮产品的生产和销售，满足国内外顾客日益增长的、多层次的物质和文化生活需要。

一、餐饮部的经营环节

餐饮部的经营环节包括市场调研、菜单筹划、设备设施的规划、原料采供、产品生产、服务销售、成本核算、评估与反馈、调整计划。

1．市场调研

市场调研是餐饮经营的基础，通过市场调研，可以收集有关信息，了解顾客的真正需求，从而设计生产符合顾客需求的产品。餐饮部应正确处理市场需求和供给的关系，针对市场需求进行餐饮营销，广泛组织客源，扩大产品销售，提高餐饮经营的社会效益和经济效益。因此，市场调研既是餐饮经营管理的首要职能和基本任务，也是餐饮经营环节的第一个步骤。

2．菜单筹划

菜单是对饭店餐饮部经营的各类餐饮产品的展示，它包含产品的种类、名称、规格、价格等内容，是餐饮经营活动的纲领，它对经营者及顾客都有一定的约束。具体来说，顾客到达餐厅，拿到菜单后，只要没有超越菜单所示内容的范围，餐厅就必须提供顾客所点的产品，不能出现单上有名、厨房无菜的现象。当然，对顾客来说，如果点了超越菜单内容的菜肴品种，餐厅可根据实际情况提供并定价，如因各种原因无法提供，顾客的投诉是无效的。菜单筹划应在市场调研和确定自己的经营方针的基础上进行，应以市场为导向，满足顾客的需求。

3．设备设施的规划

餐饮设备设施的规划是指餐饮部各餐厅、厨房、公共区域、后勤保障等场所的布局装潢，以及设备设施的选购、安装等一系列的计划与实施工作。此项工作建立在菜单筹划、餐厅经营主题确定的基础上。餐厅设计布局应合理、科学、方便操作，设备设施应保证质量、耐用、易保养，在安装方面要充分考虑操作的安全性。

4．原料采供

餐饮原料是饭店餐饮经营中产品生产的物质基础。无论何种类型的餐厅、使用何种菜单、使用何种设备用具、聘用何种水平的厨师，如果没有符合质量标准的食品原料，就不可能生产出高质量的餐饮产品。食品采供的主要职责，除了保证原料质量以外，还应确保原料的数量、规格等符合要求，并在一定的时间范围内提供。同时，应控制好采购渠道、原料验收、储存、保管等环节，以便在确保质量、数量、规格的前提下降低成本，使预期毛利得以实现。

5．产品生产

餐饮产品生产具体指厨房菜肴食品和酒吧酒水饮料的生产。相对酒吧酒水饮料生产而言，厨房菜肴食品生产水平的高低和产品质量的好坏，对饭店的餐饮经营水平和市场形象的影响更大。餐饮生产管理是对菜肴食品在生产加工过程中的各种活动进行计划、指导、监督、指挥和控制，以保证餐饮产品的质量。

6．服务销售

餐饮服务销售是餐饮产品生产的延续，是实现餐饮经营目标的关键环节，它直接影响顾客对产品的感受。在餐饮经营活动中，生产、服务和销售基本是同步进行的。做好餐饮销售服务工作，能够使顾客的心理需求得到满足，实现从餐饮产品到商品的转变。在服务环节中，通过服务的手段来推销餐饮产品是餐饮营销中的重要方法，即寓销售于服务中，它能在满足顾客生理和心理需求的同时，为饭店创造良好的经济效益和社会效益。

7．成本核算

在餐饮经营过程中，要对餐饮经营成本与费用进行日常和分阶段的核算，并将实际毛利与预计毛利进行比较，准确地体现餐饮经营的经济效益和利润指标的完成状况。成本核算即从财务角度对餐饮经营进行监督和控制，以便及时发现问题，对餐饮经营进行必要的调整，达到提高效益的目的。

8．评估与反馈

市场需求在不断变化，餐饮经营管理者除了要对自己的经营活动进行客观评估以外，还要通过各种渠道不断了解市场对餐饮产品的评价，了解顾客的期望和建议。只有真正做到知己知彼，才能在日益激烈的餐饮竞争中掌握主动权。

9．调整计划

根据评估结果和市场调研获取的信息，以及饭店餐饮实际接待能力和客观条件，及时调整餐饮经营计划和方针，以便提供符合顾客需求的产品，更好地满足市场需求，长期占有目标市场和挖掘潜在市场。

二、餐饮服务的主要环节

1．餐前准备工作

餐厅服务人员在营业前列队站好，由餐厅经理主持召开例会，分配布置当日工作，按服务程序做好开餐前的准备工作。

（1）了解情况

餐前应该了解当日餐厅的就餐人数、就餐时间、菜单等。

（2）整理餐厅

按照分管辖区内的餐桌检查设备、餐具、灯具、门窗等是否完好，同时检查餐桌与椅子布局是否合理、美观，调节好室温，准备接待顾客。还要对个人的仪容仪表进行检查，填写好质量检查项目报表。

（3）熟悉菜单

服务人员必须熟悉当日菜单，包括菜点的原料、风味特色、烹调特点，以及酒水、菜点的价格和上菜程序。

（4）准备备品

服务人员必须将当日开餐所需要的餐具、酒水、辅助用品准备齐全，并且多备出来一些。

（5）摆台

服务人员根据餐别，按照服务规格摆好餐具和台上用品。

总之，餐厅服务人员要以旺盛的精神、充沛的体力、清晰的思维、敏捷的动作，有条不紊地做好餐前各项准备工作。

2．迎宾服务

（1）热情迎宾

当顾客进入餐厅时，要有领台员面带微笑迎接并且礼貌问候，迎宾员引领顾客入位。

（2）引宾入座

服务人员面带笑容，引导顾客入席，拉椅让座，然后慢慢地将椅子推回原位，以便顾客坐稳坐好。拉椅的要领是，两手和右脚尖并用，将椅子稍微后撤，然后向前轻推，使顾客放心坐下。

（3）接受点菜

顾客坐下后，服务人员应将菜单送上征求点菜。顾客点菜一般应从女宾开始，按顺时针方向进行。顾客点菜时，服务人员应站在客人左侧，与顾客保持一定距离，腰部稍弯，手持点菜簿，认真倾听顾客选定的菜点名称，并适时向顾客介绍，推销菜点。如果顾客点的菜已暂时售完，应立即向顾客表示歉意，并婉转地向顾客建议其他类似的菜肴。如有些菜烹制时间较长，应向顾客说明原因。服务人员要做到神情专注，有问必答，百问不烦，主动推销。当顾客点完菜后，服务人员要将记录下的菜点复述核对一遍，如确认准确无误，将点菜单一联送到厨房备餐，另一联送收款员结账。

3．就餐服务

（1）上菜

1）上酒水饮料。首先根据顾客所订酒水的品种，送上合适的杯具，酒杯一般放在水杯的右侧，然后再取来顾客所订酒水，当着顾客的面示瓶、开瓶。开瓶操作要迅速安全，同时不要发出不必要的响声。酒品开瓶后，餐厅服务人员应立刻为顾客斟倒第一杯酒，斟酒后将酒瓶放在餐桌的适当位置，随手撤下斟完的酒瓶，为上菜做好准备。

2）上菜服务。上菜服务最重要的一点是要保证菜肴应有的温度，中餐上菜的服务顺序是先上冷菜，接着上热菜、主食、汤，最后上餐后点心、水果等。具体要求有以下几点：

①餐厅服务人员每上一道菜都要及时报菜名。如果是风味菜肴，还要介绍口味和吃法，以增加顾客的兴趣。

②餐厅服务人员在上菜时，动作要轻且稳，注意不要将汤汁洒在餐台上，更不可洒在顾客的衣服上。如果餐桌上已摆满了菜盘，餐厅服务人员可先整理台面，然后再上菜。上菜时要使用服务敬语提醒顾客，防止出现意外。

③餐厅服务人员上有配食佐料的菜肴时，应将主菜与佐料同时上桌，或者是先上佐料再上主菜。

④餐厅服务人员应掌握好上菜的节奏。上菜的顺序要正确，上菜的速度不一定是越快越好。当餐厅服务人员为顾客上第一道菜时，要主动对顾客讲“对不起，让您久等了”，上完最后一道菜时也应该提醒“您的菜上齐了，请慢用”等服务敬语，让顾客心中有数。另外，上主食和汤的时间要视顾客用餐情况和要求而定。

（2）值台

菜上桌后，顾客在用餐时，餐厅服务人员应该不断地主动为顾客服务，以体现其良好的服务素质。此时，餐厅服务人员应该在所负责的餐台附近巡视，及时发现顾客的需求。顾客盘中有了骨、刺等，马上主动上前更换餐碟；顾客的杯中酒没有了，马上为顾客添加。在规定的时间内，当餐厅服务人员发现顾客所选菜品没有上齐，要立即与传菜员联系，尽快上菜，并主动为顾客分让主食和分汤；顾客食用海鲜类菜肴时，及时送上洗手盅和小毛巾或餐巾纸，随时注意清洁餐台台面；观察、询问顾客是否还需增加一些食品和饮料，并及时予以补充。

（3）就餐服务的基本要求

1）所有食物都应从顾客左边用右手送上。

2）所有饮料都应从顾客右边用右手送上。

3）所有用过的餐具都从顾客右边撤下。

4）先撤盘，后上菜。西餐垫盘应随第一道菜用完后同时撤走。

4．餐后结束工作

（1）结账收款

就餐结束，顾客要求结账时，餐厅服务人员要及时送上账单，也可在顾客吃完甜点时送上账单。账单不可直接交到客人手里，应将账单正面朝下，反扣着放在小托盘中，送到顾客面前或左侧靠近桌边处，并且询问结账的方式。找回零钱时，餐厅服务人员应说“先生，找回您的零钱”或者“谢谢，欢迎您下次光临”等敬语。同时征求顾客用餐意见，以及是否预订下一餐等。如果是一对夫妇在吃饭，账单先给男方；几人同时用餐，应问清楚顾客是一起结账，还是分开结账。送账单和找零钱都应用小托盘托送。结账要核算准确，收款要看清票面，点清数字；信用卡结算时，要开好账单，请顾客签字。

（2）拉椅送客

顾客用餐完毕欲起身时，餐厅服务人员应为其拉椅，顾客离座后应视具体情况目送或随送至餐厅门口，对离去的顾客说“再见”或“希望您下次光临”。

（3）收台检查

1）按先口布、毛巾，后酒水杯、碗碟、筷子的顺序分类收拾。收台时要检查有无顾客遗留的物品，如有应及时送还顾客，无法追送时应将顾客遗留的物品交主管处理。

2）整理台面，落台，收好菜单。

3）换台布，摆花瓶，打扫餐厅，整理桌椅。

4）洗涤、消毒餐具，按规定存放餐具。

5）关闭各种电器设备，填写交接班记录，关好门窗。收西式餐具时，先用左手端一大盘，将刀子和叉子垂直交叉放到盘上，刀子放下面，然后将其他盘子摞在左手腕上。杂物盆不能放在餐桌上。

思考与练习

1. 为什么说前厅是饭店的“窗口”?
2. 用图表的形式列出前厅对客服务流程。
3. 简述客房楼层接待服务的四个环节。
4. 简述洗衣服务时应注意的要点。
5. 餐厅服务人员餐前准备工作主要包括哪些内容?

第五章 饭店营销管理与公关管理

随着我国饭店业日益发展且与国际接轨，饭店市场营销与公关意识在我国饭店业中得到加强，成功的营销与公关是饭店在激烈的市场竞争中处于不败之地的有效保证。

学习目标

☆了解饭店市场营销的概念及营销观念。

☆掌握饭店营销组合策略。

☆熟悉饭店公共关系的概念及基本要素。

☆了解饭店公共关系的类型。

☆掌握饭店公共关系工作的程序和方法。

第一节 饭店营销管理概述

市场营销就是通过一定的交易程序，满足消费者的现实需要和潜在需要，并实现企业营销目标的综合性经营销售活动。满足和引导消费者的需求是市场营销活动的出发点和中心。企业必须以消费者为中心，面对不断变化的环境，做出正确的反应，以适应消费者不断变化的需求。

市场营销是一种企业活动，是企业有目的、有意识的行为。实现企业目标是市场营销活动的目的。不同的企业有不同的经营环境，不同的企业也会处在不同的发展时期，不同的产品所处生命周期里的阶段不同。因此，企业的目标是多种多样的，如利润、产值、产量、销售额、市场份额、生产增长率、社会责任等，均可能成为企业的目标，但无论是什么样的目标，都必须通过有效的市场营销活动完成交换，与顾客达成交易方能实现。

一、饭店市场营销概念

1．饭店市场的概念

在市场经济日益发展的今天，饭店的服务日趋商品化，饭店市场也就应运而生，成为饭店市场营销概念的一个重要组成部分。但是，由于饭店的产品属于服务业的范畴，其产品特点必然与一般的物资商品有一定区别。一般来说，饭店市场是指饭店产品和服务买卖的场所。

从经济学角度看，饭店市场是指某种产品（如客房、菜品）的买方（顾客）与卖方（饭店）相互作用，以确定价格与数量的一种安排，其实质是反映买卖双方交换关系的总和。

从营销角度看，饭店市场是指在一定的动机驱使下，对某项饭店产品和服务有实际需求和潜在需求的购买者。这里所指的购买者是对某项饭店产品或服务有购买意向（购买欲望）和相应的购买能力有机组成的总称。

2．饭店市场营销的概念

饭店市场营销不是经营销售，它具有这样一种功能，即了解、调研顾客的合理需求和消费欲望，确定饭店的目标市场，并且设计、组合、创造适当的饭店产品，以满足这个市场的需要。简单说，饭店市场营销就是为了满足客户的合理要求，为使饭店营利而进行的一系列经营、销售活动。

随着我国饭店业日益发展且与国际接轨，饭店营销意识在我国饭店业中得到发展，成功的营销是饭店在激烈的市场竞争中处于不败之地的有效保证。

3．饭店市场营销与推销的区别

饭店市场营销与推销的区别见表5—1。推销是以饭店现有的产品作为工作的起点，研究怎样利用广告、公关、人员推销、营业推广等手段来增加销售量，在增加销售量的基础上实现饭店的目标。营销则要求饭店在提供产品或服务之前，首先研究目标顾客的需要是什么，然后根据顾客的需要来设计或调整饭店的经营内容，再通过一系列的营销策略让顾客知晓，并吸引他们购买或使用饭店的产品或服务，在顾客购买或使用饭店产品的基础上，饭店获得收入和利润，实现经营目标。

表5—1　饭店市场营销与推销的区别

表现方面	营销	推销
中心点	顾客	饭店产品
关注点	顾客需求	饭店产品和服务销售
手段	重视产品策略、价格策略、营销渠道策略、促销策略等四大策略的有机组合与搭配	重视广告、公关、人员推销、营业推广等作用

二、饭店市场营销的意义

1．市场营销是决定饭店总体经营效益的关键环节

饭店不但要生产质量好的产品和提供优质的服务，还必须把产品销售出去，以补偿成本，获得盈利。同时，提供的服务也要得到顾客的满意和称赞，以争取更多的回头客。

2．市场营销是饭店经营适应市场的桥梁与纽带

只有通过市场营销的各种手段和策略，才能够让更多的顾客了解和认识饭店，才能够让顾客感到“服务第一、顾客至上”。

3．市场营销可以更好地满足顾客的需求

通过市场营销，可以实现有效的信息传播，使顾客更容易享受到称心如意的产品和服务；并通过创造需求，能够在更高层次上满足顾客的需求。

三、饭店市场营销的现代观念

观念决定行为，有什么样的观念就有什么样的行为。饭店若缺乏正确的营销观念作为经营指导，就很难在竞争激烈的市场中取得胜利。开展现代饭店市场营销工作必须把握营销观念的四个要点：

1．正确选择目标市场

饭店所有的经营活动都是围绕着消费者而展开的。也就是说，饭店首先要对市场进行充分的调研，然后选择适合自己的目标市场，也就是要确定为其服务的特定消费者群（顾客），了解这些市场中的现有顾客和潜在顾客的要求，最后去设计有针对性的饭店产品，满足目标市场的要求，从而实现自己的经营利益。

饭店不可能占领和满足每一个客源市场，例如，饭店简单将客源市场分成高、中、低三个档次的客源，假设本饭店是具备接待中档客源能力的饭店，这表示饭店的硬件和服务都是满足中档客源需求的。如果饭店接待高档客源，由于高档客源熟知高档次饭店的情况，他们对服务的预期较高。这样一来，饭店就较难满足他们的需求，就需要付出额外的精力去迎合他们，而饭店的接待能力、硬件标准、服务内容与高档客源的要求是不可能吻合的，出于种种原因，高档客源还会出现不满意的情况。该饭店接待低档客源时，因为低档客源对价格敏感，他们同样难以被满足。

2．不断了解顾客需求，创造顾客满意

随着时代的进步，饭店的顾客需求也会有所改变，当饭店的产品不能再满足顾客不断变化的需求时，就要求饭店主动改变自己的营销策略和服务设施，从而完善饭店的服务。

顾客的需求是多样化的，而且顾客通常不会将他的需求明确告诉饭店，这可能是由于顾客缺乏消费经验，不善或不便表述自己的需求。例如，顾客向旅行社表明需要预订一间五星级饭店的客房，这是他用语言表明的需要，而他真正的需要是因为他有能力支付五星级饭店的房间费用，选择五星级饭店是其身份的象征。

对饭店营销管理而言，获得顾客满意是十分重要的，如果营销人员通过各种方式不断招徕顾客，而饭店却因为服务问题造成顾客满意度下降并不断流失，必将使饭店走向衰退。

饭店营销人员要不断地主动收集顾客的意见或建议。因为一般情况下，顾客是不会主动诉说的，往往只有在十分满意或十分气愤的情况下，才会表扬或投诉饭店。所以，营销管理人员要设法通过多种渠道，调查和预测顾客的需求，获取顾客的反馈。例如，在顾客办理退房手续时请顾客填写意见表，设立互动式的网站与顾客进行交流，顾客关系经理主动拜访住店顾客，销售人员跟踪服务等。

顾客满意是饭店赖以生存的基础，营销管理人员要统计顾客满意情况，测算顾客满意率，同时要将本饭店的顾客满意率与竞争对手相比较。只有保持较高的顾客满意率，饭店才能获得满意的收益，才能保持长期发展的后劲。以餐厅为例，其满意的内容和指标见表5—2。

表5—2　　顾客就餐满意的内容和指标

内容	主要指标	
绩效	1. 好口味 3. 适当的温度及火候	2. 品质好的原料 4. 账单正确且处理很好
保证	1. 等候时间短 3. 没有售罄的菜点	2. 快速回应 4. 适当的服务量
完整	1. 营养说明 3. 特色菜及促销菜	2. 为儿童及节食者提供菜单 4. 多样菜系选择
便于使用	1. 延长营业时间 3. 恰当的地点	2. 全天候营业 4. 清楚的菜单
情绪环境	1. 客气而礼貌的服务人员 3. 良好的就餐气氛	2. 服务人员外表整洁 4. 舒畅的环境

表5—2中，5方面的20个指标就是顾客评价餐厅产品或服务质量的重要依据，也是顾客满意的各方面体现。

3. 加强协调，创造良好的营销氛围

饭店产品是一个整体，顾客从入住到离店，接受的是来自各个部门的共同服务，在对客服务中，任何一个部门都十分重要。但往往每一个部门都在不同程度上有着本位主义的观念。例如，工程部为节约能源，会对空调的开关时间刻意控制，甚至因此出现顾客投诉；财务部为控制资金的回笼，不愿放宽信贷政策等。

营销部门作为饭店和顾客的纽带，必须时常与饭店各部门沟通、协调，将顾客需求信息准确无误地传达给相关部门。

饭店从上到下要树立正确的服务意识，要视同事为内部顾客，营造人人都为下一道工序服务的氛围。

饭店各个部门间必须充分沟通，解决问题时，要站在满足顾客需求的角度来进行协调。

饭店可以通过招聘和雇用合适的员工，培训员工的对客服务意识，激励员工采用正确的服务方式，大胆有效授权，以及事前、事中、事后的检查来控制服务差错的出现。

4．获取满意的盈利率

饭店的营销观点也强调在保证顾客满意的前提下，使自己的营销目标得到实现。假如只注重顾客的满意度，不去考虑饭店自身的生产成本等一系列问题，那么这个饭店就违背了商业性的性质，不能称之为真正的饭店，显然这也不是饭店营销人员愿意看到的事情。反过来，饭店也不能只注重利润增长、市场占有率、销售量等方面的指标，而不去关心顾客的满意程度，不去认真积极地发现和解决服务中所遇到的问题，也是行不通的。

营销人员不仅要通过各种方法创造顾客满意，而且要关注饭店的盈利率，兼顾平均房价和住房率，不能片面追求其一，要追求盈利最大化。饭店只有盈利，才能为顾客提供更好的服务。营销管理不仅要考虑顾客的满意，同时要兼顾饭店的满意（盈利）和业主的满意（回报）。这是当代营销人员所必须具备的素质和能力。

现代饭店的经营中，市场营销的核心作用是毫无疑问的。当然，饭店的营销必须与饭店内其他部门密切配合，如住宿与前台、客房，用餐与餐厅，会议与工程、音响等，营销部常常代表顾客的要求和利益，而顾客的要求有时非常挑剔，有可能影响其他业务部门的正常工作程序，营销部应做好协调工作。市场营销的作用在于沟通饭店和客源间市场的供求关系，以求得饭店的最佳经济效益，因此，饭店的市场营销是饭店经营管理的核心内容之一。

第二节　饭店营销组合策略

饭店营销组合策略就是饭店对自己可控制的各种营销因素进行分析，本着扬长避短的原则进行优化组合和综合运用，使各个因素协调配合，发挥整体功效，最终实现营销目标。对饭店而言，市场营销组合的可控制因素主要有四类，即饭店的产品因素（Product）、价格因素（Price）、营销渠道因素（Place）和促销因素（Promotion），也就是通常所说的“4P”。营销组合策略就是产品策略、价格策略、营销渠道策略、促销策略等四大策略的有机组合与搭配。饭店市场营销组合的主要因素如图 5—1 所示。

一、产品策略

饭店作为企业，依靠适销对路的产品来获得生存发展的资本。如果产品品质低劣、落后，产品效用单一、低下，则会被顾客无情地“拒之门外”。因此，产品策略是关系饭店生死存亡的关键，是饭店营销组合策略中最基本的策略。

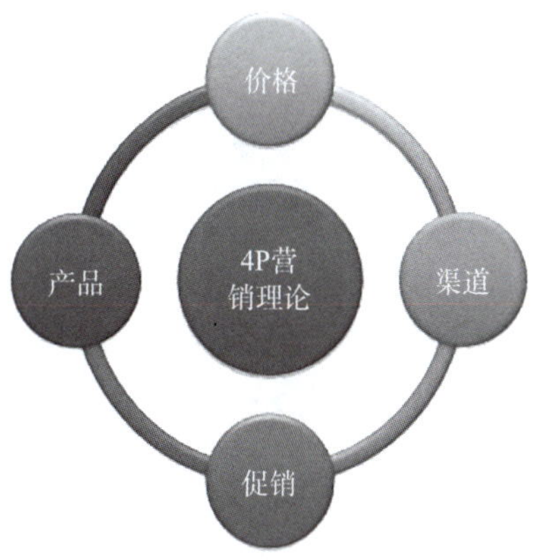

图 5—1 饭店市场营销组合的主要因素

1．饭店产品的含义

从市场观念的角度说，饭店产品是指饭店向市场提供的、能满足人的某种需要和利益的物质产品和非物质形态的服务。物质产品主要包括饭店产品的实体及其品质、特色、品牌等，它们能满足顾客对使用价值的需要。非物质形态的服务主要包括产品形象、质量保证、声誉等，给顾客带来心理上的满足和信任感，具有象征性价值，能满足人们心理上的需求。

知识链接

麦当劳提供的整体产品

世界快餐的“航空母舰”——麦当劳成功的秘诀在于它所提供的产品具有整体概念，概括起来可用以下七个“F”说明：

1. 新鲜（Fresh）

美国人很重视食品的新鲜程度——豆子要碧绿，生菜要鲜嫩，鱼肉要洁白，油炸食物要酥脆。因此，优良的冷冻和通风设备必不可少，清洁的就餐环境至关重要。

2. 饱（Filling）

快餐要给人以物美价廉之感。为此，麦当劳在炸鸡上多洒些面包屑，把面包卷做得更厚，每份炸马铃薯片和生菜沙拉都更容易让人吃饱，同时，还注意各色食品中的营养搭配。

3. 快（Fast）

由于人们吃快餐的目的就是为了节省时间，因此，食品必须是速食品。为节约时间，柜台上设有多台付款机，以减少人们排队付款时间。麦当劳公司还在高速公路两旁建立了快餐店，司机们足不出车就可以拿到几分钟前所预订的食品。

4. 油炸（Fried）

美国人喜欢吃酥脆的油炸食品，但又不愿在家中做，因为会有讨厌的油炸气味和大量渣滓。麦当劳提供的油炸食品又快又易携带。

5. 家庭式（Family）

忙碌的人们不常在家做饭，却想在外面找个家庭式的地方就餐，麦当劳正符合这样的要求；食品对孩子不能太腻且价格相对便宜，餐厅清洁卫生、通风明亮，一般不供应酒类。

6. 浪漫感（Fantasy）

在家庭氛围之余，餐厅还应让人感到就餐是一种享受，因此，麦当劳公司对有的店铺进行了怀旧装饰，特别是运用了美国西部的装饰。

7. 福特主义（Fordism）

麦当劳采用自动化设备代替手工操作，精密分工，统一食品标准，以节省时间、降低成本，同时，可以保证人们在不同地方吃到的麦当劳食品都是一个口味。

专题活动

讨论：为什么为满足美国人需求而设计的麦当劳在中国的生意也非常好？

2. 产品组合

顾客所消费的产品不是由某个部门或个人能够全部提供的。顾客需要的不是单个的产品，而是多种产品的组合。而且，顾客的需要又是千差万别的，要求商家提供不同组合的产品供不同的顾客选择。也就是说，对饭店而言，要针对不同的顾客，开发出不同的产品组合。

饭店可以从产品的广度、长度、深度和密度四个方面进行产品组合，形成不同的饭店产品系列。

（1）产品组合的广度

产品组合的广度指饭店所拥有的产品线的数量，即饭店经营的分类产品的数量，如客房服务、餐饮服务、康乐服务等。产品线多，说明产品组合的广度较宽。

（2）产品组合的长度

产品组合的长度指饭店的每一个分类产品中所包含的不同服务项目的数量。如康乐服务有KTV、台球、保龄球、桑拿、网球、健身等服务项目。

（3）产品组合的深度

产品组合的深度指每一个不同的服务项目中又能提供多少不同品种的服务。如KTV包厢中能提供哪些点唱歌曲，有没有茶水服务、夜宵服务等。

（4）产品组合的密度

产品组合的密度指每个产品线上的产品在使用功能、生产条件、销售渠道或其他方面的关联程度。产品组合的密度不是一个固定的概念，从不同角度对产品组合的密度进行评价，其结论是不一致的。如从生产条件这个角度来看康乐产品和餐饮产品，它们的相关程度是很低的；但从销售渠道上看，它们却是有关联之处的。

饭店可以通过扩充或缩减产品组合的广度、长度和深度，提高或降低产品组合的密度。从这些角度出发，调整产品组合，使得饭店产品更具竞争力。比如，扩大产品的广度，增加饭店产品生产线，搞多种经营，就能扩大饭店企业的销售领域，增加饭店的经济收益，更重要的是有利于分担饭店的营销风险，增加饭店企业在竞争中的适应能力，把握竞争的主动权。而增加饭店产品的深度，就是增加了饭店产品的项目，有利于饭店企业挖掘潜力，增加花色品种，增加同类产品更多的细分市场的需要，成为不同顾客的最佳选择。增强饭店产品的密度，可以降低成本，为整体营销或整体开发提供方便；减少饭店产品的密度，则有利于饭店企业适应动荡的市场变化，不至于发生牵一动百的尴尬。

产品组合示意见表 5—3。

表 5—3　　产品组合示意

产品线的长度	餐饮服务	客房服务	康乐服务
	中餐厅	普通单人间	桑拿
	西餐厅	普通双人间	健身
	咖啡厅	标准套间	卡拉 OK、KTV
	自助餐厅	豪华套间	美容美发
	宴会厅	总统套间	
	特色餐厅		

* 产品组合的广度为 3。
* 产品组合的长度为 15。
* 餐饮服务产品线的深度为 6。

专题活动

1. 表 5—3 中，产品组合的平均深度为多少？
2. 表 5—3 中，康乐服务产品线的深度为多少？
3. 表 5—3 中，在分销渠道上如何加强餐饮服务和康乐服务的关联性？

二、价格策略

价格是饭店产品价值的货币表现形式，是饭店进入市场的介绍信，也是饭店营销组合中唯一产生收入的因素。合理的定价和价格政策，可以影响生产领域的生产效率、流通领域的供求关系和消费领域的满意程度。因此，饭店要采用合理的价格策略来拉拢顾客，既要避免因价格过低导致饭店发生损失，又要防止因价格过高造成“门可罗雀”的局面。

1．饭店产品定价的原则

饭店产品的价格不仅是指有形产品的价格，而且还包括了无形的部分，就是各种服务的费用。制定价格策略是饭店的营销组合中唯一不增加成本的因素。饭店制定的价格是受很多方面的因素影响的，应该把握好饭店产品定价的原则。

（1）反映饭店产品的真实价值

饭店在制定产品价格时，必须要以饭店产品的价值作为依据，其价格必须真实地反映饭店产品的价值。

（2）适应市场的需求

饭店产品的定价应反映市场的供求状况，适应市场的需求。供不应求的饭店产品可以把价格定高些，供大于求的饭店产品可以将价格定低些。当供求关系发生变化时，应对饭店产品的价格及时进行相应的调整。

（3）具有一定的灵活性

饭店产品必须根据淡季、旺季、平季来制定合理的产品差价。由于各地旅游资源、设施设备、服务质量的不同，造成旅游的热点、温点、冷点，从而导致饭店产品价格的地区差异性。这就要求饭店的经营者根据自身的条件，制定一个灵活而且富有弹性的价格。对于不同的旅游者和人数不同的旅游团队采取不同的价格。如针对散客旅游者和团队旅游者采用一般的门市价和团队价等。

（4）相对的稳定性

饭店产品的价格政策代表该产品、该饭店在旅游市场中的形象，如果变化过于频繁，就会给顾客带来饭店经营不稳定的印象，甚至会挫伤市场潜在顾客的积极性，导致饭店产品的需求量下降。所以，饭店产品的价格不能随意调整，每次调价的幅度不能大于15%。此外，饭店产品在调价前，要向顾客进行通报，一般在调价前三个月向顾客通报，让顾客有心理准备。

（5）服从国家政策的需要

制定饭店产品的价格要根据国家的政策、法令和有关规定，以及行业的相关法规和规定，特别是要服从国家旅游产业发展的总方针。

2. 定价策略

定价策略是饭店企业进行价格决策的基本措施和技巧。一般来说，饭店企业常采用的定价策略有心理定价策略、差别定价策略、折扣与折让定价策略。

（1）心理定价策略

心理定价策略是以顾客的心理因素作为饭店产品的定价依据，制定出合乎顾客心理的价格，以引导消费。

1）尾数定价策略。尾数定价又称为奇数定价。饭店为迎合顾客求廉心理，给商品制定一个以带有零头的数结尾的非整数价格，如 0.99 元、9.95 元等。尾数定价可以给顾客价格低的印象，并能使顾客觉得饭店对定价认真负责。餐饮产品的定价常采用此策略。

2）整数定价策略。整数定价策略主要用于高档产品，如豪华客房、总统套房等，为满足一些特殊层次的顾客，价格应尽量往上靠，凑足位数，如定价为 800～900 元，不如定价 1 000 元，通常可以满足一部分顾客的虚荣心。

3）分级定价策略。分级定价是指饭店将产品按档次分为几级，每级定一个价格来满足不同消费层次的顾客的需求。档次高的，可满足高消费顾客的优越感，档次低的，可满足低消费顾客的求廉心理，便于顾客按需购买。

4）声望定价策略。声望定价是指凭借饭店在顾客心目中的良好信誉及顾客对名牌产品、高档次产品“价高必优”的心理预期，以较高的价格吸引顾客购买而制定饭店产品的价格。采用这种定价策略需要作详细的市场调查，饭店除考虑细分市场顾客的身份和消费实力外，还要考虑顾客的年龄结构和所能接受的最低、最高价格。尤为重要的是，饭店产品的价格必须与质量相吻合，这样才能符合饭店的信誉，不损害顾客的利益。

5）招徕定价策略。招徕定价策略是指为了迎合顾客的求廉心理，饭店暂时将少数几种产品减价来吸引顾客，以招徕生意的策略。其目的是把顾客吸引到饭店中来，在购买这些低价产品时购买其他产品。采用该策略定价必须注意：饭店的规模必须较大，选择降价的产品品种应是日常消费品，降价必须真正能吸引顾客，降价的产品品种和数量要适当。

（2）差别定价策略

差别定价策略的基本理论是将同一产品或服务，定出两种或多种价格，运用在各种不同需求强度的细分市场上。在不存在竞争的情况下，决定差价的原则是能够获得实际利益，而又不至于造成顾客的不满。在有竞争的情况下，有些饭店运用差别定价方法，把最低等级价格定得低于竞争对手的价格，这样既能在竞争中处于有利的地位，又能获得较高经济收益。

采用差别定价策略应当注意以下几点：

1）等级差价是按质论价原则的具体运用。饭店客房的接待对象、面积、位置、朝向、结构、设备、装潢布置等的不同，应该反映在价格的级差上。因此，价格分级应体现出客房的等级，要使顾客相信房价的差别是合理的。

2）等级差价的差价大小要适宜。有的饭店用固定差价法确定不同等级的房价，如有的相差 10 元；有的饭店则是用百分比确定不同等级的房价，这样较低的几种房价间差额较小。显然，后一种定价方式更加富有竞争性。

3）饭店房价差别定价策略要与市场细分相联系。比如商务顾客对价格挑剔较少，散客房价比团体房价要高 10%～20%，因此旅游饭店、商务饭店应根据各自的接待对象定出合乎实际的差价。

（3）折扣与折让定价策略

折扣和折让都是饭店有意识地降低其基本定价，以达到争取顾客，扩大销售的目的，主要包括数量折扣策略、现金折扣策略、季节折扣策略、同业折扣与佣金。

1）数量折扣策略。数量折扣策略是指饭店对那些大量购买某种产品的顾客予以一定的减价的策略。数量折扣也称批量折扣，即根据顾客购买数量的大小给予不同的折扣。一般来说，购买数量越多，折扣越大。数量折扣可以起到鼓励顾客增加购买量，建立长期关系的作用，同时使饭店降低各环节的费用。

2）现金折扣策略。现金折扣策略也叫付款期折扣策略，是对在约定付款期以现金付款或提前付款的顾客，给予一定折扣的策略。其目的在于鼓励顾客尽早付款，加速企业资金周转。顾客如以现金付款或提前付款，可以在原商品价格的基础上享受一定的价格优惠折扣。现金折扣的关键是：要合理确定折扣率，基本原则是折扣率的上限必须低于饭店加速资金周转所增加的盈利，其下限必须高于同期银行贷款利率；确定允许顾客推迟付款的时间，确定允许哪些顾客赊购，以及对逾期未付款的顾客采取的措施。

3）季节折扣策略。季节折扣策略指饭店在淡季给予顾客一定折扣优惠的定价策略。季节折扣也称季节差价。饭店产品的不可储存性，迫使饭店想方设法去刺激淡季需求，折扣便是最有效、最直接的办法。另外，西方的一些饭店制定了家庭房价，吸引家庭旅游者在淡季和周末时来饭店居住。

4）同业折扣与佣金。同业折扣是饭店给予中间商（如旅行社）的价格折扣。加强与旅行社的合作是饭店营销工作的重要组成部分。饭店给予旅行社的佣金数额是决定旅行社是否向饭店介绍客源的重要标准之一。许多西方饭店除了给旅行社优先定房权以外，还给予他们一定的折扣或佣金，具体做法有所不同。

采用折扣、佣金，会使饭店的平均房价下降，因此，饭店的经营管理人员必须在事前仔细地研究应采用哪些做法，并做出计划安排。只有在降价增销所增加的营业收入高于所需的直接成本时，各种特殊价格才是可行的。

当然，饭店在实施价格策略时，应严格执行有关价格政策，既要防止利用虚假价格开展营销活动的倾向，也要防止卷入降价竞争的泥淖。

案例分析

“亏本生意”

小唐经营着一家小饭店，周围有许多小餐馆、酒家，可说是竞争异常激烈，但只有他的饭店天天客满，火爆得很。他的诀窍就是一个：一直做“亏本生意”，即：凡在该店用餐一律赠送米酒，喝多少供多少，三人或三人以上用餐的，还免费赠两瓶啤酒。当然，他家菜的价格、菜量、味道和服务也不比别家的差。每当食客们的餐桌上酒菜将尽时，服务员便会及时送上免费酒水，而一增加酒水，自然又激起了食客们的兴致，他们往往会再要上一两盘菜。

有些好心人认为小唐这么做生意太亏：每桌饭菜的酒水按 10 元计，一天按 10 桌算亏 100 元，一月就亏了 3 000 元！而小唐自有小九九，按他自己的算法是，每月只少赚 3 000 元酒水钱，但顾客多了，菜卖多了，生意火了，和那些生意清淡的饭店比，哪多哪少还不清楚吗？

讨论与思考：小唐采用的是哪种定价策略？

三、营销渠道策略

营销渠道是指从顾客产生消费动机进入饭店到最终消费饭店产品的整个过程中所经历的路线及相应的一切活动的总和，又称为分销渠道。在市场经济条件下，市场的容量很大很广，大部分饭店必须依靠一定的销售路线，才能将产品转移到顾客手中。营销渠道既是饭店产品商品化的必由之路，也是连接产品和顾客的中介。并且，不同的营销渠道，决定着营销活动的质量和效果。饭店营销渠道如图 5—2 所示。

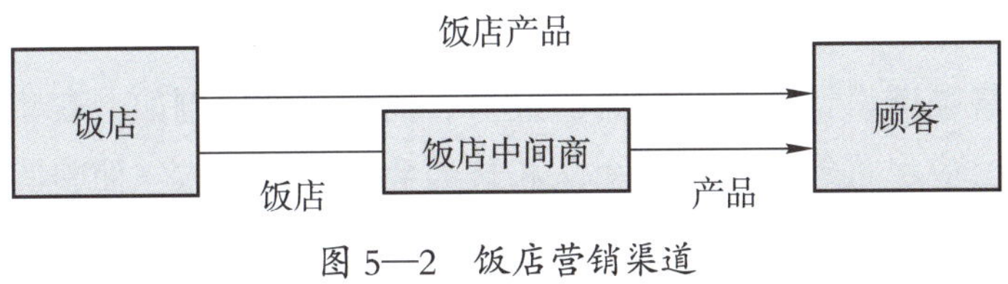

图 5—2 饭店营销渠道

1. 营销渠道的种类分析

饭店产品的营销渠道主要包括直接营销渠道和间接营销渠道两类。

（1）直接营销渠道

直接营销又称无渠道营销，指饭店直接向顾客推销产品，顾客则直接向饭店购买所需的产品。通过开展内部促销活动，越来越多的饭店产品开始实现直接营销。

（2）间接营销渠道

随着旅游市场国际化进程的加剧，对饭店而言，顾客开始出现全球分布的趋势，要吸引这些分散的顾客，单靠直接营销渠道已是不可能的，直接营销渠道在这些分散的顾客面前显得越来越脆弱。间接营销渠道的出现则弥补了这一尴尬。许多饭店开始借助中间商等营销机构和个人在营销信息上的优势，开展营销活动。这种经由中间商实现产品交换的营销形式就是间接营销渠道。

由于中间商介入的数量不同，间接营销渠道有不同的长度和宽度。营销渠道的长度是指产品从饭店到顾客这一过程中所经手的中间商的数量。中间商的数量越多，说明营销渠道越长。营销渠道的宽度是指在这些环节中所涉及的同类中间商的数量。同类中间商的数量越多，说明营销渠道越宽。

2. 饭店销售渠道的设计

（1）影响饭店销售渠道构成的因素

1）产品特性。饭店产品特性影响着渠道的选择。如以商务设施为特色的商务饭店，适宜采用短渠道或直接销售，而休闲度假型饭店则多通过旅行社代销。

2）中间商特性。渠道设计反映出不同类型的中间商在执行各种任务时所具有的优点和缺点。一般来说，中间商的作用，因他们所做的工作不同而有所差别。

3）饭店自身条件和经营目的。饭店的自身条件在渠道选择中起着非常重要的作用。饭店规模决定了它的市场规模，以及它所要求的中间商能力的大小，财政资源决定了它应该执行的营销能力和委托给中间商的职能有哪些。财力薄弱的饭店一般更多地依赖中间商，减少营销开支。反之，财力雄厚的饭店在利用中间商的同时，也应重视加强自身渠道的建设。饭店的产品组合及营销战略也将对渠道设计产生影响。

饭店销售渠道设计还应与饭店的经营目的相一致。例如，豪华饭店希望维持高档形象，应尽可能减少旅游团队和普通会议类的客人，而将其销售重点放在对大企业的直接销售上。

4）竞争者。渠道设计受竞争者的影响，可以采取与竞争者相似的渠道，也可避开竞争者使用的渠道。

5）环境因素。经济条件和法律限制也会影响渠道设计决策。

（2）确定饭店主要渠道选择方案

在饭店的渠道决策上，渠道的选择是一大问题。要选择最佳的渠道，饭店的管理人员应首先确定好渠道目标。渠道目标包括确定市场重点、中间商应发挥的作用等。当饭店明确其渠道目标后，接下来就是确定主要渠道的选择方案。主要渠道选择方案由三种因素构成：中间商类型、中间商数量和每个渠道成员的责任。

经营管理人员应该识别适合经营其渠道业务的中间商类型，并研究能否找到更好的销售渠道。饭店必须对在每个渠道层次中要使用的中间商数量做出决策，一般有三种可选战略：

1）广泛销售渠道。广泛销售渠道即尽可能通过不同的，甚至相互竞争的销售点或分销商进行销售。它的优点是销售量大，但由于有大量的中间商，可能使价格偏低，对中间商的控制难度也有可能会增大。

2）选择性销售渠道。选择性销售渠道即选择较好的中间商，以少数中间商创造大销售量的市场。这种渠道有三点好处：一是有利于两者之间互相配合和监督，共同对顾客负责。对于中间商来说，如果经营不力、效率不高，就有可能被饭店淘汰，这对中间商来说是一种压力和督促。而对于饭店来说，由于产品与服务集中于几家中间商，每一家购买数量都相当可观，如果产品服务质量下降，中间商会对饭店不满，这对饭店也是一种督促。二是由于中间商数目较少，饭店和中间商可以配合得更加默契，从而建立起密切的业务关系。三是由于饭店与中间商相对固定，因而能增强市场竞争能力。

3）独家销售渠道。独家销售渠道即饭店在某一地区市场只选择一家中间商。独家分销时，一般双方签订有书面协议，规定在这个地区内饭店只对选定的中间商提供产品和服务，而中间商也不能再经营其他竞争对手的产品与服务。

实行独家销售渠道有以下好处：一是双方能够密切配合和协作；二是手续简化，交易成本低；三是容易控制渠道；四是有助于提高产品与服务的形象，得到更多的利润。独家销售也有不足：一是经销面窄，可能失去更多的顾客，引起销售额下降；二是过分依赖单一的中间商，市场风险加大；三是难以找到愿意合作又合适的其他中间商。

饭店中间商需要在每个渠道成员的责任上达成协议。他们应该在价格政策、销售条件、区域权利和每一方应执行的具体服务方面取得一致。饭店应该为中间商制定价格目录，必须划定每个渠道成员的经营区域。在制定相互服务与责任条款时必须谨慎行事，在特许经营和独家代理方面尤其应该如此。

四、促销策略

在市场营销组合中，促销是一个重要因素，其实质是卖方与买方之间的信息沟通。目的在于刺激顾客的消费。在现代市场经济条件下，企业促销有着极其丰富的内容和极为重要的作用，在营销组合策略中占有重要地位。促销方式主要包括人员推销、广告、营业推广和公共关系四个方面。由于它们具有不同的特点，需要在实际促销活动中组合运用。各种不同的促销方式形成不同的促销策略，作用各不相同。

1．促销和促销策略的概念

促销，就是饭店将有关企业或产品的信息，通过各种宣传、吸引和说服的方式传递给目标消费者，促使其了解并信赖产品所蕴含的丰富效用，引导他们购买，达到扩大销售的目的。促销的实质就是宣传、沟通产品信息。这种信息沟通的方式有广告活动、公共关系、营业推广、内部促销、人员推销、直接邮寄、形象促销等。

促销策略就是对促销对象或领域、促销任务、促销目标、促销效果、促销投入、各种限制条件等进行科学的选择、配置、控制和分析，使信息宣传、沟通手段和过程系统化、规范化，尽量提高促销活动的效果和效率，达到低投入、高产出的目的。

2．饭店促销组合

促销作为企业与市场进行信息沟通的主要方式，涵盖多方面内容。归纳起来，促销一般分为两类：即人员推销和非人员推销。

人员推销是企业通过人员与消费者口头交谈来传递信息，说服消费者购买的一种营销活动，它是一种古老的营销方式。在现代市场经济条件下，促销方式层出不穷，但人员推销仍然是重要的促销方式。非人员推销是指借助于其他媒体形式，间接向消费者介绍和传递商品信息的营销活动，它是随着商品经济的发展而逐渐发展起来的。

非人员推销一般有三种形式：一是广告，它是通过广告传播媒体向消费者宣传产品、服务的促销方式，其特点是可以通过非企业所有的媒介物向市场传递信息。二是营业推广，它是为了刺激消费者立即采取购买行为而采用的一种促销方式。三是公共关系，它是为了使潜在消费者对本地企业商品产生好感，扩大企业的知名度，面向广大消费者制造舆论而进行的公开宣传。公开宣传的媒介物与广告相似，但广告是有偿报道，而公开宣传则是无偿地向公众提供信息。

由于各种促销方式都有其优点和缺点，在促销过程中，企业常常将多种促销方式同时使用。所谓促销组合，就是企业根据产品的特点和营销目标，综合各种影响因素，对各种促销方式的选择、编配和运用。促销组合是促销策略的前提，在促销组合的基础上，才能制订相应的促销策略。

不同的促销手段具有不同的特点，饭店要想制订最佳组合策略，就必须对促销组合进行选择，在选择最佳促销组合时应考虑下列因素：

（1）促销目标

促进销售的总目标，是通过向消费者的报道、诱导和指示，促进消费者产生购买动机，影响消费者的购买行为。在总目标既定的前提下，在特定时期的特定产品、服务，应该有具体的促销目标。总之，在进行促销组合时，要根据具体而明确的营销目标对不同的促销方式进行适当选择，组合使用，从而达到促销目标的要求。

（2）产品性能

不同性能的产品和服务，面对的消费状况和消费要求不同，采取的促销组合策略也不同。其中，公共关系、营业推广两种方式，在促销活动中，对不同性能的产品和服务的反应相对比较均衡，应根据具体情况而定。

（3）市场特点

目标市场的特点是影响促销组合的重要因素，对于不同的市场，应当采用不同的促销组合。饭店可以将高级商务顾客作为主要目标市场，或把团体旅游顾客作为主要目标市场，或把华侨和港澳台胞顾客作为主要目标市场，充分发挥各促销方式的优势，选择恰当、有效的促销方式。

（4）促销预算

在考虑促销组合时，必须从自身的能力出发，即采用何种方式的促销组合，在客观上要受到促销预算的制约。促销预算是企业制定营销组合时必须考虑的重要因素，一般以营业额为基准，即按本年度营业额或按下年度计划营业额的一定比例来确定，或以主要竞争对手的促销预算为依据制定饭店的促销预算。无论采用何种形式，饭店都需要考虑自身的能力，即企业应有足够的财力来承担促销任务，既要达到促销的目的，又要避免浪费。

产品策略、价格策略、营销渠道策略和促销策略犹如饭店企业这辆汽车的四个轮子，共同决定着饭店企业营销活动的成败。饭店应加强对这四大策略的有效实施和控制，提高整体营销效果。

第三节 饭店公共关系概述

一、饭店公共关系的概念和内涵

饭店公共关系是指饭店为在公众中树立良好形象，取得理解、信任和支持而组织实施的各种信息沟通和关系协调活动。公共关系是一个内涵和外延都比较广泛的概念。就其定义的性质分类就有管理职能论、传播沟通论、社会关系论、现象描述论、表征综合论五大种类。每一个种类又提出了众多的公共关系概念。就一般的公共关系的含义而言，则主要包括四个要点：

1．饭店公共关系是社会公共关系的一个行业分支

社会公共关系的种类很多，如政府机构、军队系统、医院学校、工商企业等各行各业都有自己的公共关系，饭店公关只不过是这种社会公关的一个分支。饭店行业与国际接轨较早，也是我国最早引入公关概念与开展公关活动的行业，因而饭店公共关系是比较成熟的行业公共关系。

2．饭店公共关系是一种目的明确的公共关系活动

饭店业是一个综合性强、横断面宽，与社会各界接触广泛的行业。它本身就是一种公共消费的场所，必然需要社会公众的支持。因而其公共关系的目的十分明确，那就是为了树立饭店企业形象，赢得社会公众的信任、理解、支持，最终是为了开展市场竞争，赢得广大客源，创造良好经营环境。

3．饭店公共关系是一种以信息沟通和关系协调为表现特色的管理活动

饭店公共关系主要是运用信息沟通和关系协调手段来达到目的。例如，与各种政府机构、传播媒体和企业内部所开展的公共关系，都是为了利用信息沟通和关系协调手段来创造良好的经营环境，树立企业形象；而与各种客户单位、客源机构、预订公司，以及各种社会和企事业单位所开展的促销性质的公关活动，都是为了利用信息传播手段来开发客源，开展市场竞争。而这一切，都必须通过具体的公共关系管理活动来实现。

4．饭店公共关系的形式可以是多样化的

第一，它可以是静态的，即将公共关系看成是一种关系状态。饭店公关的目的就是要去与特定公众建立或改善某种公关状态，形成良好关系。第二，它也可以是动态的，即将公共关系看成一个过程。为此，饭店公关的目的就是为了协调与特定公众的关系而组织一系列的公共关系活动。第三，它可以是狭义的，即将公共关系看成是饭店公关专业人员的工作或有明确公关目的活动。第四，它也可以是广义的，即将那些能够引起社会公众或特定公众注意、吸引他们到饭店来消费的各种活动，都看成是公关活动，从而请求饭店公关专业人员的支持。

二、饭店公共关系的基本要素

公共关系是由公关主体、公关客体、公关手段三大基本要素构成的，如图5—3所示。它们是相互依存、互相联系、互为条件、缺一不可的。这三大要素都由公关信息来沟通和联系。正确开展饭店公关活动，需要对这三大要素有一个正确的认识，并采取正确的态度，处理好它们之间的关系，才能收到良好效果。

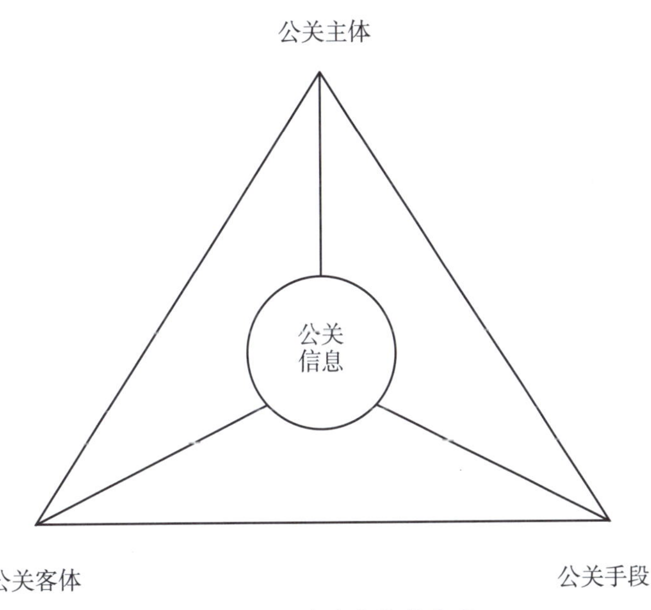

图5—3　公共关系构成要素

1. 公关主体

公关主体是指在公关活动中处于主导地位的个体或组织机构，是企业公关活动的组织者、倡导者和实施者。饭店的公关主体就是饭店企业。在具体组织和开展公关活动中，主要通过饭店公关部表现出来。

公关部是饭店开展公关活动的专业职能部门。在我国，大中型以上的饭店一般设有独立的公关部，部门下设公关部经理、公关设计主管、公关宣传主管、公关事务主管等公关人员。公关部全面负责饭店公关活动的策划、组织、实施与人员管理工作，直接向总经理负责。中等规模的饭店，公关部则大多设在销售部之中，称为公关销售部或销售部。这时，公关部多成为销售部的二级部。大多数小型饭店则将公关机构设在总经理办公室，往往是设 1～2 名主管或由办公室主任兼管，再配一名公关主管。不管属于哪一种，这些组织机构都是饭店公共关系的主体，都代表饭店开展公共关系活动。

饭店公关主体除公关部等组织机构外，还有个体型公关主体，即一些特殊或重要人物或形象，因其职位的重要或具有某些特殊才艺而成为公关主体。如饭店总经理、知名厨师，甚至包括拟人化的漫画人物、雕塑人物，如肯德基的山德士上校（肯德基的创始人）和麦当劳的小丑形象等。这类个体型公关主体并不专职组织开展公关活动，而是利用某些特殊条件、场所、本职工作或特殊活动来发挥公共关系的作用，因而，具有成本低、适用面广、方式灵活等优点。

2．公关客体

公关客体是指公关活动的作用对象或活动对象，即社会公众。但是，公关活动并不是针对所有公众的，它必然要针对那些与公关主体存在某种特定关系的公众。这些关系包括协作关系、供求关系、竞争关系、消费关系、雇佣关系等。所以，饭店公关客体主要是指某些特定公众。就饭店公关活动的主要对象而言，这些特定公众包括对政府机构公关的特定公众、对媒体公关的特定公众、对客户公关的特定公众、对合作伙伴公关的特定公众、对潜在消费对象公关的特定公众、对饭店内部公关的员工型公众等。

3．公关手段

公关手段是指连接公关主体和公关客体的各种措施和方法。它主要表现为以信息为基础的传播沟通活动。这种传播沟通活动在公关主体和公关客体之间搭起一种信息沟通的桥梁，使公关主体和公关客体之间形成某种特定关系而达到公关活动的目的。

饭店公关手段是多种多样的，如语言沟通活动、电子沟通活动、新闻发布会、记者招待会、各种公益公关活动、各种广告宣传活动等。

三、饭店公共关系的特点

饭店公共关系是一种以沟通协调为表现形式的管理活动。因而，它与一般企业管理和单纯的市场销售活动都有一定区别，具有四个方面的特点：

1．以公众为对象，以美誉为目的

公共关系本身就是以公众为对象的。但不同行业的公共关系都有不同的公众，即自己的特定公众。所谓特定公众是指根据公关活动的目的不同而能够对其产生影响的公众。如针对地方政府机构开展的公关活动，其特定公众就是政府机构的某些人员。而饭店的新闻发布会、记者招待会的特定公众则包括两类人员：一是新闻机构或媒体机构的工作人员；二是通过媒介受到影响的特定公众。所以，饭店开展公关活动，每次都应该根据实际需要选择某些特定公众，将特定公关活动内容和特定公众结合起来，才能收到更好效果。

公关活动和产品推销或销售活动不同：后者的目标非常直接，都有一定的销售额或销售量；前者则以宣传、树立企业形象为主。所以，它以美誉为目的，活动目标比较抽象，就要围绕塑造、宣传、维护饭店企业的形象这个中心来展开，组织各种公关活动，在扩大饭店知名度的基础上，提高饭店美誉度和在特定公众或社会公众中的支持率。

2．以互惠为原则，以情感为纽带

公关活动都是以特定公众为对象的。所谓特定公众，大多指一些利益集团，即各种媒体机构、公司社团、企事业单位、政府机构等。它们既有各自的利益，又有各自的工作。饭店开展公关活动，就必须充分考虑各种特定公众的利益，强调饭店利益、特定公众的利益和社会利益的协调性。因此，饭店公共关系必须以互惠为原则。所谓互惠，就是要把利益作为开展公关活动的纽带，在讲求自身利益的同时，承担起对特定公众利益和社会利益的责任，平等互利，互相理解、支持和帮助。

饭店公关活动既然要互惠互利、双方受益，就要以情感为纽带，注重加强与公关对象的联系，讲求必要的感情交往和感情投资。特别是对饭店客人、客户和内部员工的公共关系，更要注意感情投资。就是在对外公关活动中，对那些特别重要的特定公众，也要以情感为纽带，加强联系与交往，才能做好公关工作。

3．以长远为方针，以创新为生命

饭店公共关系是一种有计划、有组织、有目的的长期的管理活动，而不是为了一时一事的眼前利益，也不计较一时一事的得失，因此它以长远为方针。为此，饭店公共关系必须具有长远目标，要以饭店长期战略目标为基础，制订长远计划。对那些重要的公关对象，要以发展长期、稳定和战略性的伙伴关系为主。

饭店公共关系的长期性和创新性是相辅相成的。没有创新，总是老一套、一成不变的公关活动就不可能持久。因此，饭店公关还必须坚持创新，要以独特的思维、新颖的内容、灵活多变的形式来开展各种公关活动，从而达到外求发展、内求团结、树立形象、增加美誉的目的。

4．以信息为手段，以诚信为信条

公共关系都是运用双向信息沟通活动来加深公关主体和特定公众之间的关系的。离开了信息沟通就没有公共关系可言。为此，酒店组织开展公关活动，既要根据活动内容、目的和要求，准确、及时、有效地将本饭店的信息传递给特定公众，使他们加深对饭店及其产品和服务的了解、认识、热爱，进而得到他们的支持、拥护和帮助。又要迅速、及时、准确地收集目标公众、特定公众的最新信息和反馈信息，了解舆论和民意，以便更好地、有针对性地改进公关活动，改善自己的形象和行为，提高公关效果。

在以信息为手段的同时，饭店公关活动还必须以诚信为信条。所谓诚信就是要讲求道德，讲求信誉。“人无信则不立”“诚招天下客，信得万人心”，都是说诚信的重要性。为此，饭店公关活动要以诚恳的态度、诚实的信誉对待客人，对待特定公众，表里如一，言行一致，坚决反对那种欺骗公众、唯利是图的违反公共道德的行为。

第四节　饭店公共关系的类型和工作程序

一、饭店公共关系的类型

饭店公共关系根据其活动目的不同，大致可分为以下几种：

1．宣传性公关

宣传性公关是指以宣传自己、形成社会舆论、扩大饭店内外影响和声誉为主要目的的公共关系活动。宣传性公关的特点是主导性强，时效性强，能够比较有效地利用传播媒介，沟通与社会公众或特定公众的关系，获得较好的宣传效果。如饭店举办的新闻发布会、记者招待会、公关广告、产品和服务广告、饭店刊物、宣传小册子等，都属于这种性质的公关活动。

宣传性公关具有两个方面的作用：对外宣传性公关可以扩大企业影响，树立企业形象，推销企业产品或服务；对内宣传性公关可以沟通上下级关系，反馈外界信息，鼓舞员工士气等。

2．交际性公关

交际性公关是指以扩大交往、增进友谊、联络感情、谋求潜在利益为目的的公共关系活动。交际性公关的特点是基本无媒介的人际交往，直接性、灵活性较强，人情味较浓，是广结善缘、广交朋友的一种好形式。如饭店因各种原因举办的招待会、冷餐会、总经理酒会、鸡尾酒会，以及饭店公关部组织的“企业家俱乐部”等，都属于交际性公关。交际性公关常常需要相当的成本，而又没有直接的现实收入，因此，其潜在目的、潜在利益应该引起重视。

3．服务性公关

服务性公关是指以提供各种实惠性服务为表现形式来达到与特定公众的沟通，增进友谊，为饭店产品推开销路。服务性公关活动的特点是把优质服务作为特殊媒体，让特定公众得到亲身感受，从而扩大企业影响和声誉。例如，饭店餐饮部为举办美食节等主题活动而在开张剪彩时举行的免费美食品尝活动、周末或节假日举办的电影招待会、为检查饭店服务质量而邀请同行专家到饭店进行的暗访活动、VIP 客人的特别服务活动等。服务性公关并不包括饭店日常接待服务，它以免费服务为主要表现形式。

4．公益性公关

公益性公关又称社会性公关、赞助性公关。它是指对社会有益的各种公益性、赞助性公共关系活动。如赞助残疾人活动、赞助希望小学活动、因特殊自然灾害而开展的赞助活动，以及各种公益事业等。这种公关的特点是企业赞助一定数量的现金或实物，举办一定形式的公关赞助活动，通过媒体宣传来提高饭店的公众形象，因而是应该提倡的一种公关活动。

5．征询性公关

征询性公关是指以信息采集、舆论监督、民意测验等为主要目的的一种公关活动。如针对顾客需求而开设的客户热线电话、针对饭店内部的某些重要问题而开展的民意测验、某些“有奖问答”、一定时期建立的信访制度、在饭店中设立的“总经理信箱”等，都属于征询性公关。

二、饭店公共关系的年度预算

公关年度预算是根据饭店经营方针、年度公关活动计划而对公关活动经费事先做出的预估和安排。饭店公关年度预算的费用主要由三个部分构成：

1．公关广告费用

公关广告费用主要包括两项开支：一是饭店在电视、报纸、杂志、电台等媒体上做广告所需要的费用，这部分费用一般根据广告合同、上年实际消耗和预算年度的业务发展需求确定；二是公益广告和宣传费用，主要是饭店需要印制的具有宣传广告性质的照片、图片、招贴画和需要向客人散发的宣传小册子、饭店简介等费用消耗，一般以上年实际开支为基础大致核定。

2．公关活动费用

这部分费用是指预算年度内的大型公关活动所需要的费用开支。这些活动应该事先制订年度计划，每年一般安排2～3次大型公关活动即可。每次费用预算可参照前两年同类大型活动的平均值大致确定。

3．公关正常经费

公关正常经费是指饭店公关部门的日常经费开支。这部分费用以公关人员的人事成本和公关交际费用开支最大，剩余的则以日常办公费用、美工设计费用、公关用品材料费用等为主，一般根据上年实际开支大致确定。

将上述三个方面的费用汇总，经过分析比较，结合整个饭店的业务计划进行适当调整，即可核定饭店年度公关预算费用开支。由于饭店公关活动常常具有不确定性，为此，在预算具体费用额时，应在节省开支的原则下，适当留有余地。公关费用预算报总经理审批，纳入饭店整体预算后，即可作为饭店公关费用开支的控制标准，保证公关活动的顺利开展。

三、饭店公共关系的工作程序和方法

饭店公共关系除日常工作外，主要是由一次一次的公关活动组成的。在饭店公关年度预算既定的情况下，其公关活动的工作程序主要包括四个步骤：

1．调查与分析

调查与分析是饭店公共关系的首要步骤和前提条件。调查与分析就是要通过公关调查、市场调查来收集各种信息，并在此基础上做好分析、整理，从中找出做好公关预测、开展公关活动、制订公关计划的依据。在这一过程中，应重点做好两个方面的工作：

（1）根据需要确定调查与收集的信息内容

饭店公关信息的内容很多，主要包括四种：一是涉及企业形象方面的信息，即由饭店公众、知晓公众、顺意公众、支持公众等决定的饭店知名度、美誉度、支持率等；二是涉及饭店特定公众方面的信息，如目标公众、媒体公众、政府机构对本饭店的反应，顾客的表扬信件、投诉意见，以及报刊对饭店的赞扬或批评等；三是涉及饭店市场和产品销售方面的信息，如市场价格、市场竞争状态、顾客需求变化、市场竞争格局、市场客源流量与结构变化等；四是饭店内部方面的信息，如董事会的新决定、重要的人事变动、员工的思想动态和对某些问题的反映意见、对公关活动的支持率等。只有将这些信息资料收集起来，经过分析、比较，找出有用的信息，才能为公关活动的开展提供参考或依据。

(2) 正确运用信息收集与分析的方法

饭店信息十分广泛，信息的收集必须遵循有效、适用、及时和真实的原则。在此基础上，可以采用以下各种方法：

1）问卷调查法。这种方法是根据公关调查种类、目的，由公关人员事先设计出调查问卷，确定调查范围，通过调查收回问卷，再进行整理、统计、分析，从而得到有用信息。采用问卷调查法收集信息时，要特别注意问卷题目设计的简洁性、易答性、科学性和严谨性，以保证问卷调查的卷面回收率。

2）观察法。观察法即组织有关人员亲临现场，观察收集信息。观察法既可以组织有关人员参与到饭店和有关部门的服务活动中，用明察暗访来收集有关服务质量的信息；也可以组织有关人员以局外人的身份客观评价有关情况，收集有关信息。

3）访谈调查法。这种方法是组织公关人员深入到访问对象中去，面对面地同访问对象进行沟通交谈来收集资料和信息。访谈也可以用电话、网络、座谈等各种方式。这种方法感情色彩较重，能够获得比较直观、详细、具体的信息资料。

4）资料查阅法。这种方法是通过查阅各种旅游及饭店信息资料，收集、摘录有关信息。这些资料包括国家和地方旅游主管部门的各种年鉴、报纸、杂志、统计报表，各种新闻机构的报刊资料，旅游与饭店系统及本店的统计报表、财务报表等。

2. 目标与决策

所谓确定公关目标，就是要结合饭店中长期战略和年度计划，制订本饭店公关活动的计划和目标。这种公关计划和目标主要是通过未来一个时期的饭店知名度、美誉度的达标率、提高率，特定公众的访问次数，特定公众的支持率，以及未来一个时期本饭店计划开展的大中型公关活动的次数、成功率等各种指标体现的。总体来说，这些公关目标大多是比较抽象的，越是长期目标越抽象。所以，这些公关目标要以年度公关活动为主，这就需要做好公关决策。

公关决策是在公关计划和公关目标的基础上完成的，方法主要是根据公关计划和目标，制订开展公关活动的方案。公关决策的重点包括三个方面的工作：一是明确提出饭店在计划期内准备开展的大中型公关活动的项目；二是认真做好公关项目的主题设计，公关主题既要新奇，又要适应公关对象的需要，并能成为连接整个公关活动的纽带；三是研究制订出具体活动方案。

3. 实施与传播

在确定公关目标、做好公关决策的基础上认真做好公关方案和公关活动的实施与传播，是饭店公共关系程序的重要步骤。公关活动的实施与传播，要根据饭店不同发展阶段的需要和实际，分别采用不同的实施方式和公关策略，主要有以下几种：

（1）维系型方式和策略

这种策略以公关宣传为主，主动向社会公众和特定公众宣传、介绍饭店的产品和服务，主动利用屋顶、路牌、报刊做宣传广告，大量散发宣传小册子。这样，通过宣传介绍不断向社会公众发送饭店信息，久而久之使企业形象深留在公众的记忆中，提高饭店知名度。维系型公关策略主要适用于新建饭店或全面改造升级的饭店开业初期一段时间。

（2）防御型方式和策略

这种策略主要适用于饭店正常经营时期，以防御为主。其方法是通过信息收集，将公众和顾客的意见、建议、投诉等反映到饭店和各部门，通过及时调整饭店方针、管理制度、服务方法，改进饭店产品质量和服务质量，进一步提高饭店声誉，树立良好形象。

（3）矫正型方式和策略

这种策略主要适用于企业受损、公关严重失衡时。这时，因企业受损，必须立即采取一系列有效措施和方法。重点是要澄清事实，消除误解，向社会公众公布为纠正偏差而采取的措施，争取尽快平息风波，恢复信任。

（4）进攻型方式和策略

这种策略以主动出击、集中开展有重大影响的公关活动为主。它要求饭店公关人员发挥积极主动的创新精神，以新、奇、快的方式大力开展公关宣传、广告，积极走访有关客户、公关对象。这种策略主要适用于外部发生冲突时，用以攻为守的方法来创造新的局面。

饭店公共关系的实施与传播是一项复杂而艰巨的工作，其方式和策略多种多样，需要根据不同时期的实际情况、实际需要来确定。

4．评估与修整

评估与修整是饭店公关的最后一个步骤。评估就是在公关实施与传播的基础上，定期或不定期地对饭店公关工作和公关活动，特别是重要的大中型公关活动的效果做出评价。修整就是在评估的基础上，找出公共关系工作中存在的问题和原因，提出改进措施，以不断提高饭店公关水平。

饭店公关评估除日常工作评估、重要的大中型公关活动的单项评估外，重点是饭店形象，即知名度和美誉度。其方法是在公关调查的基础上，统计计算出饭店企业形象，即知名度和美誉度的高低。然后根据两者的实际组合做成饭店形象地位图，如图 5—4 所示，由此评估和判断饭店公关效果。

公关修整则要根据评估结果，分析工作好坏，肯定成绩，找出差距和存在的问题，然后提出修改方案、措施和方法，以此推动饭店公共关系工作的不断发展。

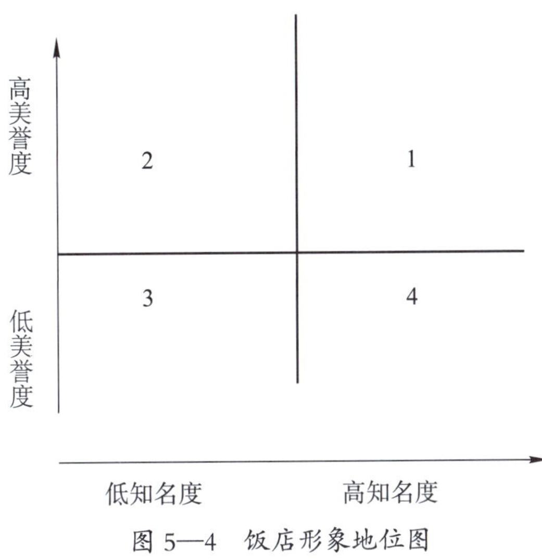

图 5—4　饭店形象地位图

思考与练习

1. 简述饭店市场营销与推销的区别。
2. 现代饭店营销工作中，必须把握营销观念中的哪四个要点？
3. 饭店企业通常采用哪几种定价策略？
4. 什么是现金折扣？实现现金折扣的关键是什么？
5. 简述在选择最佳促销组合时应考虑的因素。
6. 简述公共关系的三个基本要素。
7. 公关活动的工作程序主要包括哪四个步骤？

第六章 饭店人力资源管理

饭店人力资源管理是科学地运用现代管理学中的计划、组织、协调、控制等职能，对饭店的人力资源进行有效的开发、管理和使用，使其得到最优化组合，并最大限度地挖掘人的潜在能力，充分调动人的积极性，使有限的人力资源发挥出尽可能大的作用的一种全面管理。

学习目标

☆了解饭店人力资源管理的概念、目标和任务。

☆掌握饭店人力规划的内容和程序。

☆了解饭店人力资源招聘与配置的相关知识。

☆了解员工培训的分类、培训计划与实施。

☆熟悉员工绩效考评的内容和流程。

☆了解饭店薪酬管理的体系，掌握员工职业生涯规划的概念、类型和制订。

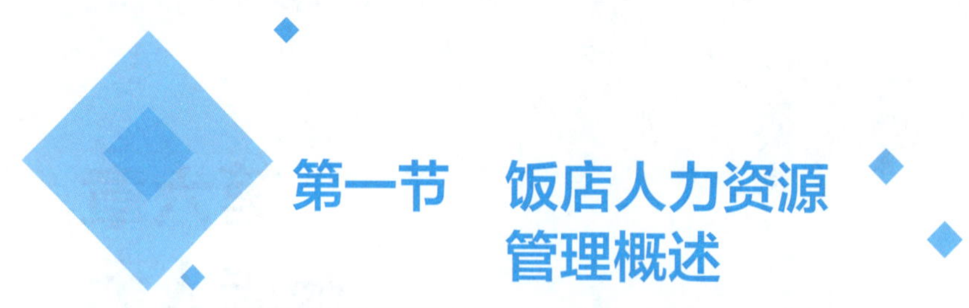

第一节 饭店人力资源管理概述

饭店管理中，无论是对饭店财力资源的管理，还是对饭店物力资源的管理，都是以人为主体和由人来进行的。一家饭店不管其组织如何完善，设备如何精良，如果饭店员工没有足够的动力和士气，就不可能成为一流的饭店。可以说，人力资源管理是决定饭店经营成败最关键的要素。

一、饭店人力资源管理的概念

对饭店人力资源进行量的管理，是通过对饭店员工的培训、组织和协调，使人力和物力经营保持最佳比例和有机的组合，使人和物都充分发挥出最佳效益。对饭店人力资源进行质的管理，是对饭店员工的心理和行为进行管理，也就是调动员工和员工整体的主观能动性。与人力资源的数量管理相比，质量管理更为重要。社会化服务越完善，设备、技术越现代化，市场竞争越激烈，工作压力和挑战性越高，对饭店人力资源质量管理的要求就越高。

由此可见，饭店人力资源管理就是科学地运用现代管理学中的计划、组织、协调、控制等职能，对饭店的人力资源进行有效开发和管理，并合理使用，使其得到最优化的组合，并最大限度地挖掘人的潜在能力，充分调动人的积极性，使有限的人力资源发挥出尽可能大的作用的一种全面管理。

饭店人力资源部门在进行人力资源管理的过程中，主要工作内容包括人力资源规划、招聘与配置、员工培训、绩效考评和薪酬管理等部分。

二、饭店人力资源管理的特点

饭店人力资源管理作为管理科学的一个分支，就其具体工作而言，具有局外性、跨越性、超前性、因果性和不可储存性等特点。

1．局外性

局外性是指饭店人力资源管理强调由客人监督和评定饭店工作人员的服务质量。这样做，一方面可以大大减少管理人员巡视检查的工作量，另一方面可以对饭店管理人员的工作起到拾遗补阙的作用。我国饭店业非常重视人力资源管理的局外性，并且予以制度化，几乎每一家饭店都在大厅内设立了大堂副理的岗位，以及顾客意见箱和投诉电话。这样做可以广泛听取顾客对饭店员工和设施的意见，及时处理投诉，解决问题，改进饭店人力资源管理工作。

2．跨越性

跨越性主要集中表现在地域和文化两个方面。

首先是地域的跨越，近几年来，世界著名的跨国饭店集团，如希尔顿、洲际、万豪、香格里拉等，以不同的方式相继进入中国。而与此同时，我国的一些饭店也实现了跨地区、跨国界的集团化经营管理，如上海锦江饭店集团、广州白天鹅饭店集团等，这就使得我国饭店人力资源管理带有明显的地域跨越性，无论是员工招聘，还是员工培训、员工调配，都反映了这一特点。

其次是文化的跨越。外资饭店、合资饭店、合作饭店的员工工作于不同的文化环境之中，现实的情况要求人力资源管理人员在招聘、培训、挑选、心理分析等具体工作方面，应注意因地制宜、因势利导，把培养、锻炼员工的适应能力和应变能力放在饭店人力资源管理工作的重要位置。

3．超前性

无论是从人才的发现到人才的培养，还是从人才的利用到人才的驾驭，都离不开人才的超前培养和继续教育，否则，现在的人才，若干年后可能就是“现代文盲”。因此，饭店人力资源管理者要有超前意识。

4．因果性

当今的饭店是靠员工的密切合作与客人的良好印象维持生存和发展的。特别是商务饭店，客人对服务的要求很高，如果饭店员工不能够密切配合，服务就会脱节；服务脱节，客人就会不满意；客人不满意，饭店也就失去客人；饭店失去客人，就会降低效益，甚至不能维持下去；饭店没有效益，员工的生存和发展就会受到威胁。这种因果性的连锁反应，足以引起饭店人力资源管理人员的高度重视。

5．不可储存性

饭店人力资源价值具有不可储存性。饭店和一般企业不同，它以出租使用价值和提供服务为主，客房、娱乐、会务和其他综合服务设施在经营中都不发生实物的所有权转移，因此，饭店员工凝结在饭店产品中的服务价值不可储存。

三、饭店人力资源管理的任务

1．科学地了解和评价人

饭店为了正常开展业务，必须拥有一批具有各种特长和才能的人员，要不断培养和造就各种人才，使用各种人才，其基础首先是了解和评价人。对人的了解和评价既要从整体出发，确立正确的人生观和科学的评价尺度，也需从每个个体的特殊性出发，了解和评价各个个体的基本素质、思想意识、才智能力、业务水平和缺陷。对个体的了解和评价也许更现实、更重要。只有当每个个体的状态和发展趋势得到分析和评价，造就人才、开发人力资源才能有一个坚实的基础。

2．积极造就并合理使用人

造就人是在了解和评价人的基础上，根据每个人的长处和短处，给予外在的条件和培养，产生内在的动力，充实和强化从业人员的长处，克服和消除短处，从而成才的过程。

造就人的目的是为了使用人。使用人就是根据每个人的特长和才能，把它放到合适的岗位上，使每个人的才智得到尽可能充分的发挥。使用人是在评价人和造就人的基础上，对人量才录用，这是人力资源开发的中心任务。

3．优化组合人才群体结构

一支优秀的员工队伍，必须经过科学合理的配置，才能形成最佳的员工组合。饭店员工为了一个共同的目标，通过一定的社会关系，在饭店内组成一个相对独立的人才群体，又通过某种联系形成饭店人才群体结构。这种结构形式决定各个饭店员工（如总经理、部门经理、服务人员）在群体中所应处的地位和作用，所应承担的相对独立的职责和任务，通过群体结构将他们联系在一起，相互发生作用，形成一个有机的整体。

4．处理好人才流动问题

在市场经济条件下，人才稳定是相对的，流动是绝对的。但对一家饭店而言，员工流动过快无疑不利于企业的发展。根据有关调查资料，近年来饭店员工流动比较频繁，不少饭店员工流动率都在25%以上。饭店星级越高，员工流动率越高；员工学历越高，流动越快；能力强且比较年轻的中低层管理人才及专业技术人才流动率高。影响员工流动的五个基本要素是个人发展、学习、工资福利、成就感和人际关系。面对这种状况，饭店如何留住人才特别是优秀人才，建立饭店与员工的相互忠诚关系，成为饭店人力资源管理的一个重要课题。

饭店要正确对待、认真处理好人才流动，懂得人才流动的客观必然性和人才流动的规律，在保证本饭店人才基本稳定的前提下，允许人才正常流动。饭店对外要进行人才交流，对内则要注意人才的调适。所谓人才调适是指在饭店内部允许员工根据自己的特长和对岗位的适应性，在各岗位之间进行适当的调整。

5．建立饭店人力资源开发利用体系

要真正达到饭店人力资源开发和利用的目的，必须有一套科学合理的人才开发和利用体系，形成人才辈出的优化机制。首先，要建立一套科学的招聘员工的程序和方法，为饭店挑选一批事业心强、有培养前途的员工。其次，要建立一套科学的培训制度和方法，有效地提高饭店员工的素质和能力。再次，要进行科学的定岗定员，优化结构，发挥最佳的群体效应。最后，通过科学的管理和激励方法，创造一个良好的人事环境，使员工安心工作、努力工作、进取向上，最大限度地发挥员工的积极性和创造性。

第二节　饭店人力资源规划

一、饭店人力资源规划的概念

人力资源规划也称为人才资源规划，已逐步成为人力资源管理的重要职能，并且与饭店的人事政策融为一体。人力资源规划实质上就是预测未来的组织任务和环境对组织的要求，以及为完成这些任务和满足这些要求而提供人员的管理过程。

饭店人力资源规划，是指为实施饭店的发展战略，完成饭店的经营目标，根据饭店内部环境和条件的变化，运用科学的方法对饭店人力资源需求和供给进行预测，制定相应的政策和措施，从而使饭店人力资源供给和需求达到平衡，实现人力资源合理配置并有效激励员工的过程。

二、饭店人力资源规划的目的

进行饭店人力资源规划主要包括以下三个方面的目的：第一，对饭店未来经营发展的态势和人力资源需求状况有了比较长远的科学规划和预测；第二，具备了对现有的不合理人力资源结构进行调整的依据；第三，确定了未来不同时期员工的需求量。具体如下：

1．规划人力资源发展

人力资源发展包括人力资源预测、人力资源增补和人员培训，这三者紧密联系，不可分割。人力资源规划一方面对目前人力资源现状予以分析，以了解人事动态；另一方面，对未来人力资源需求做一些预测，以便对饭店人力资源的增减进行通盘考虑，再以此制订人员增补和培训计划。所以，人力资源规划是人力资源发展的基础。

所谓人力资源，通常可分为三个层次：一是高层，包括行政经理及以上人员；二是中层，包括各部门经理、主管、领班等；三是基层，包括各部门普通员工。以上三种人员，高层人员的需求相对较少，但人员的培养最为困难。而中层及基层人员的需求较多，人力资源管理的责任是要设法将中层人员培养为高级人员。因此，人力资源规划常常是与发展相提并论的。

2．促使人力资源的合理运用

极少有饭店的人力资源配置完全符合理想的状况，在大部分的饭店中，其中一些人的工作负荷过重，而另一些人则工作过于轻松；也许有一些人的能力有限，而另一些人则感到能力有余，未能充分利用。人力资源规划可改善人力分配的不平衡状况，进而谋求合理化，以使人力资源能配合饭店的发展需要。

3．配合饭店发展的需要

任何组织都是在不断地追求生存和发展，而生存和发展的主要因素是人力资源的获得与运用。对饭店来说，也就是如何适时、适量及适质地使饭店获得所需的各类人力资源。由于现代科学技术日新月异，社会环境变化多端，如何针对这些多变的因素，配合饭店发展目标，对人力资源进行恰当规划，就显得尤为重要。

4．降低用人成本

影响饭店组织结构用人数目的因素很多，如工作量、技术革新、机器设备、组织工作制度、工作人员的能力等。人力资源规划可对现有的人力结构作一些分析，并找出影响人力资源有效运用的瓶颈，让人力资源效能充分发挥，降低人力资源成本在总成本中所占的比例。

三、饭店人力资源规划的内容

饭店人力资源规划从内容上看可以分为战略发展规划（决策层）、组织人事规划、制度建设规划和员工开发规划四类规划。饭店人力资源规划主要包括三部分内容，即人员需求量规划、人员能力素质规划和招聘途径规划。人力资源规划应将饭店在不同时间段的员工需求量清晰列出，并提出需求人员的能力素质模型（知识、技能、职业素养、工作经验等）和获得这些人员的招聘途径。

饭店人力资源规划具体内容包括以下几个方面：

1．预测未来的组织结构

一个组织经常随着外部环境的变化而变化、如全球市场的变化，跨国经营的需要、流程和技术的更新、新服务项目的产生等。这些变化都将影响整个饭店组织结构，即饭店组织结构必须适应饭店经营策略的变化。而经营策略的变化又因环境变化而产生，组织结构的变化必然牵涉到人力资源的配置。因此，首先应对未来饭店组织结构进行预测评估。

2．晋升规划

晋升规划实质上是饭店晋升政策的一种表达方式，它根据饭店的人员分布状况和层级结构，拟定员工的晋升政策和晋升路线，包括晋升比例、平均年薪、晋升时间、晋升人数等指标。对饭店来说，有计划地提升有能力的人员，以满足职务对人的要求，是组织的一种重要职能。对员工个人而言，有计划地提升能满足员工自我实现的需求。在实施中，根据人事测评、员工培训、绩效考评的结果，并根据饭店的实际需要对各个结果赋予相应的权重系数，得出各个职位的晋升人员次序。

3．补充规划

补充规划也是人事政策的具体体现，目的是合理填补组织中、长期内可能产生的职位空缺。补充规划与晋升规划是密切相关的。由于晋升规划的影响，组织内的职位空缺逐级向下移动，最终积累在较低层次的人员需求上。同时这也说明，低层次人员的吸收录用，必须考虑若干年后的使用问题。

4．培训开发规划

培训开发规划的目的，是为饭店中、长期所需弥补的职位空缺事先准备人员。在缺乏有目的、有计划的培训开发规划情况下，员工自己也会培养自己，但是效果未必理想，也未必符合组织中职务的要求。当饭店把培训开发规划与晋升规划、补充规划联系在一起的时候，培训的目的性就明确了，培训的效果也就更明显。

人员培训规划的目的是培养人才，它包括两方面．第一是对内，加强对已有员工专业知识和工作技能的培训；第二是对外，应积极招聘社会上少量且未来需要的人才，以免饭店中这种人才的缺乏。

5．调配规划

饭店组织内的人员未来职位的分配，是通过有计划的内部人员流动来实现的。这种内部的人员流动计划就是调配规划，如轮岗、人力使用计划等。

饭店在制订调配规划时，应注意解决两个问题。第一是当上层职位较少而待提升人员较多时，则通过调配规划增强流动。这样，不仅可以减少员工对工作单调、枯燥乏味的不满，又可以等待上层职位空缺的出现。第二是在超员的情况下，通过调配规划可改变工作的分配方式，从而减少负担过重的职位数量，解决工作负荷不均的问题。人力资源规划不仅要满足饭店未来人力资源的需要，更应该对现有人力资源做充分的运用。人力资源运用涵盖的范围很广，而其关键在于“人”与“事”的圆满配合，使事得其人，人尽其才。

6．工资规划

工资规划的目的是确保未来的人工成本不超过合理的支付限度，未来的工资总额取决于饭店组织内的员工是如何分布的，不同分布状况的人工成本有很大的差异。

四、饭店人力资源规划的程序

饭店的人力资源规划是一项动态的规划项目，其程序主要是：调查人力资源供需状况→分析人力资源供需现状和发展趋势→制订人力资源的目标和实施计划→实施人力资源规划并落实评估→分析评估结果并根据新的人力资源状况和发展趋势进行调整。在该项工作中，不能贪图方便而抄袭其他饭店的分析结果，因为每一家饭店都有自身的特点与要求，抄袭、套用会导致人员安排上的失调，造成运作质量下降或人力资源成本的浪费。

1．调查人力资源供需状况

收集人力资源供需双方的有关数据，并进行审核、分类和甄选。如饭店的人员素质要求及现状、配合新经营项目人员的综合要求、人员流动情况及预测、饭店的人力资源储备情况、饭店外部人力资源的供需现状、综合文化教育状况、职业技能培训情况、目标人才市场的供需状况、目标人才的择业心理、潜在人才市场的状况等。在项目内容的调查中，不但要了解现在的状况，也要了解其变化的趋势。

2．分析人力资源供需现状和发展趋势

根据调查所得的信息与数据，分析饭店内、外部的人力资源供需现状和发展趋势，为制订饭店人力资源管理的各项目标和实施计划提供依据。在分析过程中，要注意每个项目的发展趋势及潜力，并重视对潜在市场的发掘和探讨。

3．制订人力资源的目标和实施计划

根据对饭店内、外人力资源供需状况的分析结果，制订人力资源规划的各项目标和具体的实施计划。如人力资源费用预算、员工培训计划、员工补充计划、员工评估与激励计划、员工合同管理计划、临时用工计划和人才储备计划等。

4．实施人力资源规划并落实评估

把人力资源规划中的各项计划付诸实施，并及时进行质效评估。在计划的实施过程中，需要不断进行对比。如实际的人力资源成本费用与预算对比、实际招聘人数及人员素质要求与预设的情况对比、实际的人员流动情况与预设情况对比，以及实际的劳动生产率与预算相对比等。

5．分析评估结果并根据新的人力资源状况和发展趋势进行调整

因为饭店的内部环境和外部环境都是不断改变的，所以人力资源规划也必须不断地随之更新。通过各项目计划的实施与评估，及时根据新的人力资源状况及经营情况作短期计划的调整，以便有效地完成人力资源各项目目标，配合饭店的整体经营与发展。

第三节 饭店招聘与配置

有效的招聘方法能帮助饭店利用有限的战略资源，成功地参与竞争。为使竞争优势最大化，饭店必须找到能快速和经济地挑选出最佳候选人的招聘方法；同时，必须根据人力资源自身的特点合理地进行配置，以发挥人才的最大潜能，使员工的个人目标与饭店目标一致，为饭店发展做贡献。根据饭店的需要，及时招聘并获得人才，这是饭店人力资源管理工作的重要内容之一。饭店人力资源招聘与配置主要内容如图 6—1 所示。

一、饭店人力资源招聘与配置的相关知识

1. 饭店招聘是指饭店为了正常运作和发展的需要，根据饭店人力资源规划和工作分析的要求，寻找、吸引那些有能力又有兴趣到本饭店任职的人员，并从中选出适宜人员予以录用的过程。

2. 饭店招聘方法包括笔试、面试（结构化面试、行为描述面试）、情景模拟、心理测试、操作性测验、问卷调查等。

3. 饭店招聘是饭店调整结构的手段，是对新员工的一次培训，是对员工的激励和压力，可以增强饭店活力，提高创新能力，有助于饭店与竞争对手博弈，提高核心竞争力。

4. 饭店招聘的目标是获得饭店需要的人，降低成本、规范招聘行为和确保人员质量。

5. 饭店招聘的原则有以下几点。首先是“效率优先”原则，就是用最少的成本获得适合职位的最佳人选的过程。如依靠证书筛选，学历与能力结合，健全的内部管理制度，杜绝与能力和绩效无关的因素。其次是“双向选择”原则，

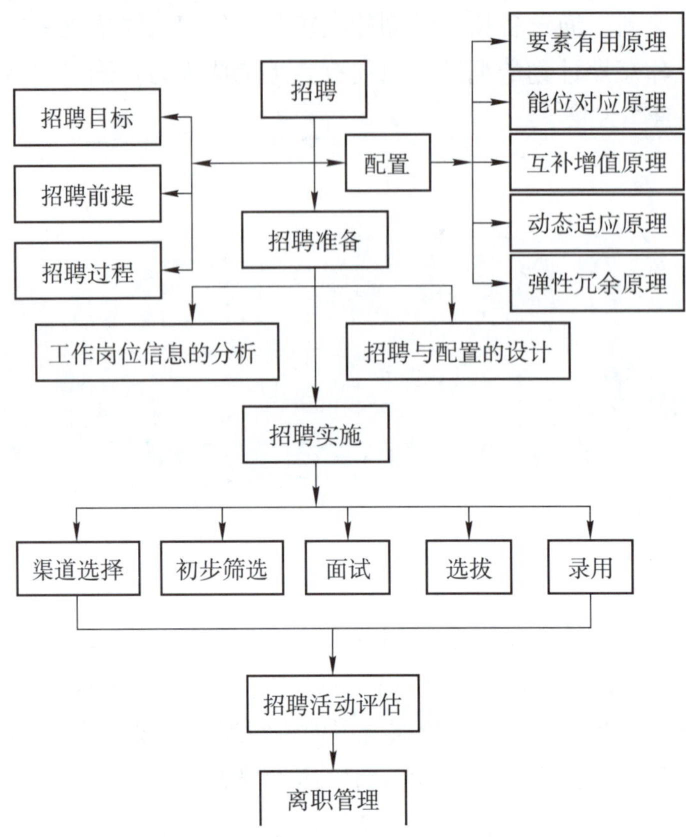

图 6—1　饭店人力资源招聘与配置主要内容

饭店自主选择和劳动者自主择业。还有“公平公正”原则，就是依法、面向社会、公开条件、全面考评、考评结果公开、择优录用。最后是“确保质量”原则，就是人尽其才、用其所长、职得其人、能位对应。

6. 饭店人力资源配置，指的是将饭店人力资源投入到各个局部的工作岗位，使之与物质资源相结合，形成现实的经济运动。饭店人力资源的科学配置，既是饭店人力资源生产与开发之后的关键环节，也是饭店人力资源经济运动的核心。

7. 饭店人力资源配置包含的五个原理：第一是要素有用原理，没有无用之人，只有没用好之人；第二是能位对应原理，不同能力特点和水平的人，应安排在要求相应特点和层次的职位上，并赋予应有的权利和责任，使个人能力水平与岗位要求相适应；第三是互补增值原理，以己之长补他人之短，能力互补、知识互补、性格与气质互补；第四是动态适应原理，人和事的不适应是绝对的，适应是相对的，不适应到适应是在运动中实现，不断调整人与事的关系才能达到重新适应。第五是弹性冗余原理，既要带给饭店人力资源一定的压力和不安感（工作满负荷），又要保持员工的身心健康（生理心理要求）。

8. 饭店招聘工作一般流程，如图 6—2 所示。

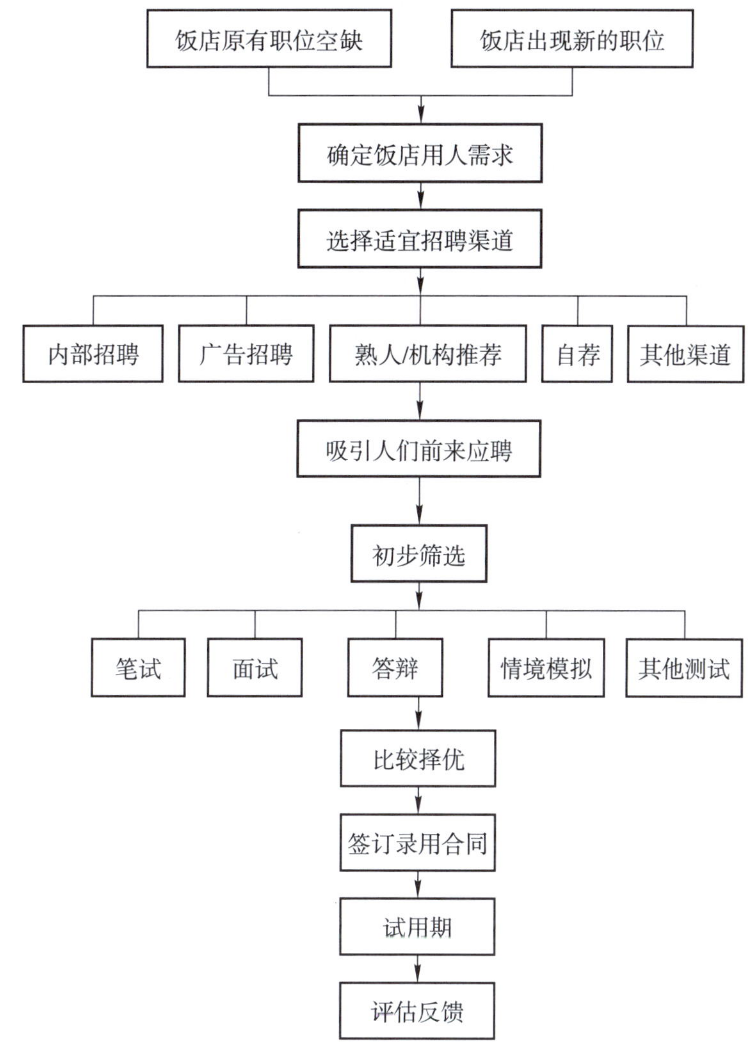

图 6—2　饭店招聘工作一般流程

二、人力资源招聘与配置规章制度

人力资源招聘的目的是把饭店需要的优秀人才招聘到饭店来，并将不同类型的人才配置在合适的岗位上，发挥他们最大的优势和潜能，从而使饭店和员工获得共同的成长与进步。

建立规章制度是人力资源招聘与配置顺利进行的保证，现举例如下，供参考。

1．优先招聘

饭店招聘员工时，坚持内部招聘与外部招聘相结合的原则，在内部人员符合该招聘岗位的能力素质要求时，坚持内部优先招聘的原则。

2．招聘的原则

饭店在人员招聘过程中必须坚持四个原则，这四个原则是公开原则、公正原则、公平原则和同等竞争原则。

3．员工的招聘录用

（1）原则上，饭店对所有的应聘人员都严格按照能力素质模型进行考评——从知识、技能、经验和职业素养等几方面进行测试，测试内容按照岗位任职资格来选择。知识方面，应考查基本知识、饭店知识、战略管理知识、营销知识、人力资源知识、财务知识、法律知识、生产知识、专业技术知识、质量管理知识、外语知识、计算机及信息系统知识、经验（行业经验、岗位经验）；技能方面，应考察计划、领导、沟通、创新、理解、决策等技能；职业素养方面，应考察团队精神、责任感、服务意识、进取心、廉洁、诚信和忠诚度。根据所招聘人员的岗位分别设计合适的测试方法。

（2）为提高饭店招聘人员到位的及时性和准确性，各部门可在每年的三月和九月以《人员需求申请表》的方式向人力资源部提出人力需求申请。

（3）人力资源部根据饭店的定编定岗标准及各部门的实际需求，对人力需求进行确认，结合饭店经营战略和整体规划，编制饭店人力资源规划。

（4）根据内部优先招聘的原则，人力资源部门和人力需求部门共同商讨是否可以从内部员工中提拔或者招聘。

4．内部招聘

（1）内部招聘应建立在公平、公正、公开的基础上，应遵从能力素质模型标准的规定。

（2）人力资源部应面向饭店内部所有员工公布招聘岗位信息，并根据所有应聘者的档案信息进行初选工作。

（3）应聘者应填写《求职人员登记表》，便于人力资源部进行初步选择，并与符合招聘条件的人进行沟通。

5．外部招聘

（1）外部招聘包括确定招聘渠道和确定招聘内容，具体包括招聘岗位名称、岗位素质要求、招聘方式及其他需要说明的问题等。

（2）人力资源部组织有关人员做好招聘前的准备工作，包括：准备招聘资料（招聘简章）等；招聘费用预算（广告费、交通费等）并向上级申请；面试（或笔试）主考人资格确立及人员选定，并进行相关培训；根据能力素质模型体系组织编写面试、笔试试题。

（3）凡应聘者均需填写《求职人员登记表》；人力资源部汇集《求职人员登记表》，并组织相关人员进行初次筛选，对符合应聘条件的求职者，发送《笔试面试通知书》。

（4）由人力资源部、人力需求部门或外聘专家组成笔试、面试主考小组，同时或分别对应聘者进行笔试或面试，视情况可分为初试筛选和复试筛选；面试、笔试要根据实际需要结合岗位素质要求进行，并记录面试、笔试得分，填写《面试、笔试考评表》；按择优原则录取应试者，由人力资源部填写《招录试用审批表》，报副总经理批准；人力资源部向试用人员发出《试录用通知书》。

6．对面试人员的要求

（1）面试人员必须能理智地判断信息，绝不能因某些个人喜好或印象偏差而影响应聘者应有的客观评价。

（2）不论应聘者的出身、背景如何，面试人员都必须尊重应聘者的人格、才能和品质。

（3）面试人员必须对整个饭店的组织概况、各部门功能、部门与部门间的协调情况、人事政策、薪资制度、员工福利政策等有深入的了解，能从容应对应聘者随时可能提出的问题。

（4）面试人员必须彻底了解该应聘职位的工作职责和必须具备的知识、技能、经验和职业素养。

7．面试技巧

（1）面试人员必须善于发问，问题必须恰当、合理。

（2）面试人员要想办法从应聘者的谈话里，找出所需要的信息资料，因此面试人员一定要学会沟通的技巧。

（3）面试人员应学会沉默，看应聘者的反应，最好不要在应聘者没有开口作答时，或者感觉到不了解面试人员的问题时，即刻又解释一遍问题。这时面试人员若保持沉默，就可以观察到应聘者对这个问题的反应能力、判断能力和理解能力。

8．主要面试内容

（1）了解应聘者的特性

应聘者的特性包括应聘者的体格外貌、言谈举止、健康情形、穿着，还包括应聘者是否积极主动，是否为人随和，以及个性内向或外向。这些要依靠面试人员对应聘者的观察。

（2）了解应聘者的家庭背景

家庭背景资料包括应聘者的家庭教育情形、父母的职业、父母对他的期望，以及家庭的重大事件等。

（3）了解应聘者的学校教育

面试人员应了解应聘者就读的学校、专业、成绩以及参加的活动、与教师的关系、在校获得的奖励等。

（4）了解应聘者的工作经验

除了应聘者的工作经验外，面试人员更应该从问题中观察应聘者的责任心、薪酬增加的状况、职位的升迁状况和变化情形，以及变换工作的原因。从应聘者的工作经验里，面试人员可以判断出应聘者的责任心、主动精神、思考力、理智状况等。

（5）了解应聘者的抱负

抱负包含应聘者的世界观、人生目标、发展潜力和可塑性等。

（6）了解应聘者与人相处的特性

从应聘者的社交来了解其与人相处的情形，包括了解应聘者的兴趣爱好、喜欢的运动、参加的社团和所结交的朋友。

9．辅助面试内容

（1）观察应聘者的稳定性

了解应聘者是否经常无端换工作，尤其注意应聘者换工作的理由。假如应聘者刚从学校毕业，则要了解应聘者在学校参加了哪些社团，稳定性与出勤率如何。另外，从应聘者的兴趣爱好中也可以看出应聘者的稳定性。

（2）了解应聘者以往的成就

了解应聘者过去有哪些特殊工作经验与特别的成就。

（3）了解应聘者应对困难的能力

了解应聘者过去面对困难或障碍时经常逃避，还是能够迎难而上，当机立断。

（4）了解应聘者的自主能力

了解应聘者的依赖心是否很强，如应聘者刚从学校毕业，则可观察他在校时是否一直依赖父母。

（5）了解应聘者对事业的忠诚度

从应聘者对过去主管、过去部门、过去同事以及从事的事业的谈话中，就可判断出应聘者对事业的忠诚度。

（6）了解应聘者与同事相处的能力

了解应聘者是否存在一直抱怨过去的同事、朋友、工作单位，以及其他各种社团的情形。

（7）了解应聘者的领导能力

当饭店需要招聘管理者时，特别要注意应聘者的领导能力。

10．员工录用

（1）员工报到应携带身份证复印件、学历证明书（原件、复印件）、体检报告、免冠近期半身照片。

（2）依据报到程序办理以下事项：签订《员工试用期劳动合同》和《保密合同》，领取员工手册、工作证、工作考勤卡和工作服，办理住宿手续。

11．试用期

（1）饭店根据劳动合同执行员工的试用期，新聘员工试用期为三个月，最长不超过六个月，从签署《员工试用期劳动合同》之日起计算。

（2）新聘员工报到后，人力资源部组织进行岗前培训，培训时间为1～2周。

（3）试用期结束后，由本人写出工作总结，由用人部门填写《员工转正审批表》，用人部门负责人签署意见后，报人力资源部审核，人力资源部签署意见后，报相关人员审批。

（4）对于在试用期内不能胜任工作者，予以辞退，并由人力资源部负责办理辞退手续；对于试用期内能胜任工作者，签署《员工劳动合同》，由人力资源部办理正式聘用手续。

12．员工档案

录用员工后，人事管理人员应及时建立新的人事档案，并将员工入职后的相关资料全部纳入档案中集中管理。

第四节　饭店员工培训

一、饭店员工培训的概念

对饭店员工进行培训，是现代饭店人力资源管理的一项重要内容，是饭店以人为本思想的真正落实。随着科学技术的不断发展和人民生活水平的不断提高，饭店管理的事务越来越复杂，为了使饭店经营管理进一步科学化和规范化，还必须对饭店自身的组织结构、技术技能、设施设备、人际关系等各种因素加以协调和均衡，让各个因素之间构成一个有机整体，这要求饭店员工要不断提高自身的素质和能力，以适应各种新变化和新情况，为达成上述目标，就必须对全体员工进行培训。

饭店员工培训是指饭店及其有关部门根据饭店市场发展变化和饭店实际工作的需要，通过各种教导或经验的方式在知识、技能、态度等诸方面对员工进行培养和训练的活动。其目的是为了提高饭店员工的知识水平和从业能力，以适应当前的岗位工作和未来发展的需要。

二、饭店员工培训的意义

在现代饭店中，对人力资源的有效培训与开发，无论对饭店组织，还是对员工个人，均有重要、积极的现实意义。

1．培训对饭店的意义

（1）改善服务质量，提高劳动效率

培训是根据饭店的操作标准和规范进行的，饭店员工通过各种类型和方法的培训，可以纠正错误或不良的工作方法，从而掌握正确有效的工作方法，工作技能和知识由低水平提高到中、高级水平。随着员工身上人力资本存量的增加，服务质量得到相应的改善和提高，必然创造出更高的劳动效率。

（2）降低消耗，以最小成本获取最大收益

经过培训、达到合格标准的员工，在工作中按正确的操作程序和方法进行服务，可以减少或避免工作中的人力、物力浪费，从而有效地降低消耗。

（3）减少工作事故，保护员工安全

员工不懂机器设备操作方法，工作技能不熟练、安全管理和工作岗位意识不强等都是导致事故发生的原因。资料表明，未经培训的员工的事故发生率几乎是经过培训员工的3倍。我国企业每年发生的事故中，60%是员工岗位意识不强或劳动技能不高所造成的。培训可以使员工养成良好的职业习惯，增强安全意识和掌握安全操作规程，以保护机器设备和员工安全，防范事故发生。

（4）有利于饭店永葆活力，塑造优秀的饭店文化

在知识经济浪潮的猛烈冲击下，饭店要想永葆生产经营的活力，就要不断创新，不断适应新形势的发展要求，不断提高员工的知识与技能，才能赢得和保持竞争优势。这就需要对饭店员工进行有效的培训。

在优秀饭店文化塑造过程中，培训起着不可低估的作用。饭店员工作为企业文化塑造的主体，经过培训后其自身素质得到进一步提高，并也能获得与饭店要求一致的价值观和行为标准。这样就必然构建出高水平的、优秀的企业文化。

2．对员工个人的意义

（1）提高员工的综合素质

饭店对员工进行培训就是要训练员工成为能适应工作和具备较强工作能力

的人。员工在饭店培训中，不仅要加强对本职工作的适应能力，而且还要接受饭店职业道德、礼节礼貌、消防安全、食品营养与卫生、饭店管理基础知识、营销知识等培训，使自身的综合素质得到提高，以保障员工不断完善执行、履行职责的工作能力。

（2）增强员工的自信心和安全感

培训具有很强的目的性、针对性，员工不断地接受培训—工作—再培训—再工作后，具备了胜任工作的能力，专业技能水平也不断向前发展，这样不仅能使员工在工作中充满自信，更能增强员工工作的稳定性和安全感。

（3）为员工晋升创造条件，促进职业发展

员工经过培训后，不仅能胜任本职工作，在现工作岗位上出色地工作，还可以承担更重大的责任，为获得更大发展创造了条件。而且，培训还可以扩大员工知识面，拓展工作领域，为员工实现自己的职业理想，求得新的职业发展打下坚实的基础。

三、培训的分类

1．按实施培训的不同时间阶段分类

（1）职前培训

职前培训包括上岗引导和专业性职前培训。

上岗引导是指对员工进行有关饭店的常识性内容灌输，包括饭店业知识、饭店工作的性质与特点、饭店从业人员素质要求（如职业道德、礼节礼貌、仪容仪表等）、饭店情况、饭店消防知识、饭店与员工的劳动关系、饭店的员工手册等，以增进新员工对饭店工作的了解与信心。

专业性职前培训。侧重于新员工分部门、分岗位进行针对性学习，要求员工在上岗前了解所在部门的业务内容、服务规范、程序、质量标准，以便新员工进行“零距离”上岗。

目前，饭店的一些岗位进行职业资格准入制度，要求员工上岗前先培训，获取资格证后才能上岗，未经培训或培训不合格者不得上岗。

（2）在职培训

在职培训是指饭店员工在工作场所、在完成生产任务的过程中接受的培训。它是职前培训的深化过程，培训时间贯穿整个职业历程。在职培训旨在不断提高员工队伍的素质水平。

在职培训是解决饭店各种经营问题的有效手段之一。饭店在发展中要不断采用各种新技术、新设备、新理念、新思维，只有通过不同形式的在职培训才能使员工创新思维，掌握新技术、新设备。

（3）脱岗培训

饭店因业务的发展需要，或者员工工种变更、职位提升等需要接受某种专门的训练，如这种训练需要受训员工暂时脱离现在的岗位或部分时间脱离岗位，参加学习或进修，这种培训称为脱岗培训。

2．按培训对象的不同层次分类

（1）决策管理层培训

决策管理者的培训主要侧重于智力能力方面的培养，如概念化能力、判断力、逻辑思维能力等。

概念化能力是指管理者能否看出表面上互不相干事件的内在联系，并从系统的角度进行分析。概念化能力有助于管理者把握全局，并能深入地分析问题和解决问题。

判断力是通过管理者对已知信息的处理，对事物发展趋势进行方向性把握的能力。判断力有助于管理者在进行饭店规划和工作计划时，提高工作效率和准确度。

逻辑思维能力是指管理者对一些事物进行符合常理的判断的能力。较强的逻辑思维能力有助于提高管理者实际工作行为的有效性。

决策管理层培训可以提高决策管理层的把握市场能力、市场预测能力、预算管理能力和经营决策能力。

（2）督导层培训

督导层是饭店的中坚力量。饭店主要从规划能力、行动能力和人际交往能力方面对督导层进行培训。

规划能力是指充分调配现有资源，完成工作计划的能力。

行动能力是指在工作中采取积极主动的行动策略的能力。

人际交往能力可分为对上级交往能力、对平级交往能力、对下属交往能力和处理对客关系的能力。对上级的交往主要是接受上级的任务和针对任务向上级进行反馈；平级交往主要是部门协调和部门沟通；对下属的交往主要是布置工作任务和进行工作指导；对客关系主要是处理顾客投诉、协调顾客关系。

（3）服务员培训

服务员培训主要侧重提高员工的服务质量，提升整个饭店的经营水准。

四、培训计划与实施

1．培训需求分析

培训需求就是特定工作岗位的实际要求与任职者现有能力之间的差距。培训需求分析就是通过周密调研、科学诊断，确定员工现有的知识、能力与从事本岗位所要求的知识、能力之间的差距状况的一项活动。培训需求分析是培训工作的起点，是质量控制首要的一环。完整、科学的培训需求分析，是确保工作、绩效、培训高度契合的基础。培训需求分析应由人力资源部门或前厅部门组织展开。进行培训需求分析的方法主要有座谈、问卷调查、观察、测试、检查、顾客投诉、暗访、会议、工作活动分析等，这些方法最好同时使用，将有助于全面、正确把握问题，为下一步培训方案的制订打下良好基础。

2．制订培训计划

在进行完备和详尽的培训需求分析之后，要有效地实施培训，就必须制订详细的、切实可行的培训计划。一个完整的培训计划应包括培训目标、指导思想、培训对象、培训内容、培训师、培训形式及方法、培训时间及地点、培训教材、培训要求、培训考评、费用等内容。培训计划要尽可能细化，可操作性要强。

3．实施培训

培训需求分析为培训工作确立了目标，制订培训计划则为培训提供了依据和指导，而实施培训计划则是实现培训目标的关键。培训部应根据培训计划安排和要求，采用多种方式进行培训。在培训正式开始前，应使员工明确培训的必要性，以及对员工发展的益处，提高员工参加培训的积极性和主动性。在实施培训时，应针对不同的培训内容和对象准备好不同的培训材料、场地和设备。完整、清晰的培训材料有助于员工对培训内容的把握；充分利用现代化的培训工具，采用视听设备，可以增加员工的感性认识。而在进行服务操作技能培训时，还应有操作工具供员工亲自操作，加深体会。在培训的具体实施过程中，最重要的是如何提高培训效果。培训效果取决于管理人员是否做好组织工作、培训师是否能够运用培训的技巧、员工是否合作等。

4．培训效果评估

无论是哪一种培训，其目的都是根据工作需要，促使员工增长知识、获得技术、改变态度，以有效实现组织的目标。因此，为确保培训效果的达成，必须通过考评来鉴别、发现受训人员的技能与知识的变化。培训效果评估是依据组织目标和要求，运用科学的理论、方法和程序从培训项目中收集数据，以确定培训的价值和质量的过程。培训者应征求参加培训员工的意见及建议，并从培训内容、培训方式、组织管理及培训效果等方面进行评估和总结，以便今后改进和提高培训管理和技能水平。在评估培训效果时，应坚持科学性与可行性相结合，定量与定性相结合，做到知识、能力、态度全面评估。总之，培训效果的评估对于员工培训十分重要。通过评估，既可以了解培训产生的效益，又可以为未来的培训打好基础，以利于进一步开发人力资源。

第五节　饭店员工绩效考评

一、饭店员工绩效考评的概念

饭店员工绩效考评，是指应用科学的评价系统，对员工在工作过程中表现出来的工作业绩、工作能力、工作态度和个人品德等进行公正、准确、合理的评价，并用于判断员工与岗位的要求是否相称。

员工绩效考评的目的主要有如下几点：

第一，绩效考评本身首先是一种绩效控制的手段，但因为它也是对员工业绩的评定与认可，因此它具有激励功能，使员工体验到成就感、自豪感，从而增强其工作满意度。另外，绩效考评也是执行惩戒的依据之一，而惩戒也是提高工作效率、改善绩效不可缺少的措施。

第二，检查和评估员工所承担任务的完成情况，为公平合理地确定薪酬提供依据。

第三，绩效考评结果也是员工降级、升迁、淘汰的重要标准，因为通过绩效考评可以评估员工对现任职位的胜任程度及其发展潜力，为改善饭店的员工结构和素质能力提供依据。

第四，绩效考评对于员工的培训与发展有重要意义。一方面，绩效考评能发现员工的长处与不足，对他们的长处应注意保护、发扬，对其不足则需施行辅导与培训。另一方面，对于培训工作，绩效考评不但可以发现和找出培训的需求，并据此制订培训措施与计划，还可以检验培训措施与计划的效果。

第五，在绩效考评中，员工的实际工作表现经过上级的考察与测试，可通过访谈或其他渠道，将结果向被考评员工反馈，并听取其意见、说明和申诉。因此，绩效考评具有促进上、下级间的沟通，了解彼此对对方期望的作用。

二、饭店员工绩效考评的内容

绩效考评的对象、目的和范围复杂多样，因此考评内容也颇为复杂。但就其基本方面而言，习惯上主要围绕德、能、勤、绩四个方面的要素进行。德、能、勤、绩作为一个有机的整体，德、能是业绩的基础，勤、绩是工作成果的具体表现，而以绩为考评中心。也可以说，绩是德、能、勤的综合体现。

“德”是指员工的思想、道德素质和政治表现。“能”是指员工的业务知识和工作能力，即从事本职工作所必须具备的基本能力和应用能力。“勤”是指员工在工作中的态度和勤奋敬业精神表现。“绩”是指员工工作的数量、质量、效益和贡献大小等。

三、饭店员工绩效考评的流程

绩效考评的流程通常按照制订考评计划、进行技术准备、选拔考评人员、收集信息资料、进行分析评价五个环节进行，此后，还要将考评结果进行运用。

1．制订考评计划

为了保证绩效考评顺利进行，饭店应事先制订考评工作计划。

（1）明确考评的目的和对象。不同的考评目的，有不同的考评对象。

（2）选择考评内容和方法。考评目的和对象不同，重点考评的内容也不相同。同时，应根据不同的考评内容确定有效的考评方法。

（3）确定考评时间。考评时间应根据不同的考评目的、对象和内容来确定。

2．进行技术准备

绩效考评是一项技术性很强的工作，其技术准备主要包括确定考评标准、选择或设计考评方法、培训考评人员。

3．选拔考评人员

选拔考评人员是关系考评成败的关键，考评人员通常考虑直接主管、同事、直接下属、被考评者本人、人力资源部门代表、专业评估小组和顾客等。

4．收集资料信息

作为考评基础的资料信息，必须做到真实、可靠、有效。收集资料信息的方法主要有工作日志、现场视察记录、考勤记录、问卷调查、定期抽查等。

5．进行分析评价

这一阶段的任务，主要是对员工个人的德、能、勤、绩各个方面做出综合评价。

6．考评结果运用

考评结果可以为组织管理提供大量有用的信息，如：向员工反馈考评结果，帮助员工改进绩效；为任用、晋升、提薪等人力资源管理措施提供依据等。

第六节　饭店薪酬管理

一、饭店薪酬管理的概念

饭店薪酬管理是指饭店在经营战略和发展规划的指导下，综合考虑饭店内外各种因素的影响，确定自身的薪酬水平、薪酬结构和薪酬形式，并进行薪酬调整和薪酬控制的整个过程。饭店薪酬管理的目的在于吸引和留住符合饭店需要的员工，并激发他们的工作热情和各种潜能，最终实现饭店的经营目标。

薪酬水平是指饭店内部各类职位和人员平均薪酬的高低状况，它反映了饭店薪酬的外部竞争性。薪酬结构是指饭店内部各类职位和人员之间薪酬的相互关系，它反映了饭店支付薪酬的内部一致性。薪酬形式则是员工和饭店总体的薪酬中，不同类型的薪酬的组合方式。薪酬调整是指饭店根据内外各种因素的变化，对薪酬水平、薪酬结构和薪酬形式进行相应的变动。薪酬控制是指饭店对支付的薪酬总额进行测算和监控，以维持正常的薪酬成本，避免为饭店带来过重的经济负担。

正确理解饭店薪酬管理的内涵需要把握以下几点：

（1）薪酬管理是饭店人力资源管理乃至饭店管理的重要一环，其目的在于实现饭店的经营战略目标，因此薪酬管理必须服从并服务于饭店经营战略。同时，薪酬管理必须在饭店经营战略和发展规划的指导下，与饭店其他的管理环节相互配合，为饭店经营战略的实现提供有力支撑。

（2）饭店薪酬管理的直接目的在于吸引和留住符合饭店需要的员工，并激发他们的工作热情和各种潜能。因此在薪酬设计过程中必须考虑饭店内外各种因素的影响和作用，既能保持饭店员工薪酬水平的外部竞争性和内部公平性，同时又要保证各类薪酬组合方式在激励方面的有效性。

（3）饭店薪酬管理工作绝不仅仅是为饭店员工发放工资这么简单，它同饭店其他管理工作一样，需要有科学、先进的管理理念做支撑；需要运用计划、组织、领导和控制等管理职能来开展工作；尤其需要随着饭店和社会的发展，不断进行调整和变化。

二、饭店薪酬管理的作用

作为人力资源管理的一项主要职能，薪酬管理具有非常重要的作用和意义，这主要表现在以下几个方面。

1. 有效的薪酬管理有利于吸引和保留优秀的员工

这是薪酬管理最为基本的作用。员工进入饭店、付出劳动，理所当然地要获得相应的报酬。饭店支付的经济性薪酬为员工的生活提供了基本的物质保障，而那些非经济性薪酬则为员工提供了市场上无法买到的心理满足。在比较健全的市场经济中，优秀的员工往往是所有饭店争夺的对象，因而从某种意义上说，最优秀的员工也是最有可能流失的员工。有效的薪酬管理，其关键在于能够比竞争者更有效地满足这些员工在生理和心理方面的需求，使他们留下来为饭店服务。

2. 有效的薪酬管理有助于激发员工的工作积极性

薪酬不仅是劳动付出的结果，同时也是劳动付出的原因。人们的行动是在需要的基础上产生的，对行为的激励正是以人们尚未满足的需要为支点的。根据马斯洛的需要层次理论，人们存在五个层次的需要，有效的薪酬管理能够在不同程度上满足这些需要，从而可以实现对员工的激励。

3. 有效的薪酬管理有助于改善饭店的绩效

有效的薪酬管理能够对饭店员工产生较强的激励，提高他们的工作绩效，进而使整个饭店的绩效得以提升。此外，薪酬管理对饭店绩效的影响还表现在饭店的成本方面。对于饭店来说，薪酬支出是一项重要的成本开支，通过有效的薪酬控制，饭店可以在一定程度上降低总成本，从而扩大产品和服务的利润空间。

4. 有效的薪酬管理有助于塑造良好的饭店企业文化

良好的饭店企业文化对于饭店的正常运转具有重要的作用，而有效的薪酬管理则有助于塑造良好的饭店企业文化。经济性薪酬为饭店企业文化的建设提供了基本的物质基础，而非经济性薪酬本身就含有大量企业文化的成分。更为重要的是，合理的薪酬制度可以作为构建饭店企业文化的制度性基础，对饭店企业文化的发展方向具有重要的引导作用。

三、饭店薪酬管理系统

饭店薪酬管理系统由经济性报酬和非经济性报酬两个部分组成，其主要内容如图 6—3 所示。

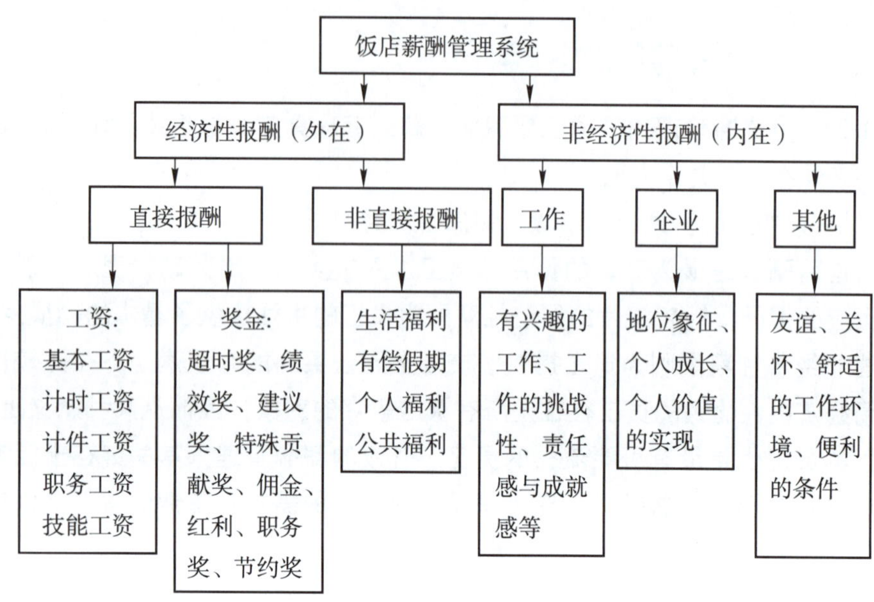

图 6—3 饭店薪酬管理系统

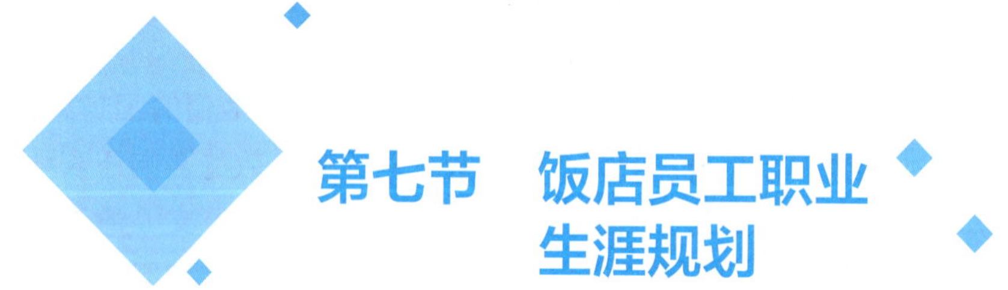

第七节 饭店员工职业生涯规划

一、饭店员工职业生涯规划的概念

饭店员工职业生涯规划，是指员工在职业生命周期（从进入饭店到退出饭店）的过程中，为了从工作中获得成长、发展和满足感，他们不断追求理想职业和实现自我价值，设计着自己的职业目标和职业计划，并采取行动实现职业目标和职业计划的过程。

对员工制订个人职业计划，组织应重视和鼓励，并结合组织的需求和发展，给员工一定的职业咨询和指导，还要创造条件帮助员工实现个人职业目标。

二、职业生涯规划的类型

职业生涯规划的类型和主要内容会随着职业生涯发展的不同阶段而有所不同。根据职业发展的不同阶段，职业生涯规划主要有以下四种类型。

1．职业探索阶段（一般从涉足工作到20多岁）

在职业探索阶段，人们会根据自己的兴趣、工作偏好、价值观等特点，通过探索选定自己的工作或职业类型。刚进入饭店工作的员工对于服务型行业工作环境和所从事的工作，在思想上可能认识不足，认为在饭店工作环境好，工作轻松操作简单。工作不久后，他们若在单位得不到满足或不能适应工作环境，调换工作的愿望就十分强烈。因此，组织要给予他们必要的指导和帮助，对他们进行岗前培训，加强他们对饭店行业的认识，以帮助他们尽可能快地适应新的工作环境和同事，从而实现组织目标。

2．职业立业阶段（一般从30岁到45岁）

经过职业探索阶段后，员工逐渐对所从事的行业有了清楚认识，并在饭店中找到了自己的位置，选定了自己的职业和岗位。处于这一阶段的员工，非常熟悉工作环境，已能独立开展工作，并愿意承担更多的工作责任。此时，他们主要关心的是在工作中的成长、发展和晋升。他们的成就感和晋升愿望特别强烈。因此，组织对于这个阶段的员工，要制定政策，多给他们提供在知识、技能和管理上具有挑战性的工作和任务，给予他们展示自己的空间，让他们更多地进行自我决策和自我管理。并同时对他们的工作提供多方面的帮助和支持，为他们创造良好的工作环境和条件，运用各种激励手段，多表扬和肯定，以促进他们向更高的目标奋斗。

3．职业维持阶段（一般从45岁到60岁）

在此阶段，员工所做的大部分努力只是维持自己的工作成就或保住自己已有的工作地位，对成就和发展的愿望已明显减弱。同时，他们的知识、技能和管理水平等在不断老化，他们的职业计划考虑更多的，则是希望更新自己的专业知识和技能水平，提高管理水平，或在其他领域学习一门新的技术，以免被淘汰。因此，组织要关心他们的学习要求并提供一定的学习机会。

4．职业离职阶段（60岁以上）

处于这一阶段的员工一般会选择退休，并开始完全从事非工作活动，如运动、业余爱好、旅行及义务性工作。组织应关心他们的健康，为他们培养自己的兴趣爱好多创造条件。表6—1所示为职业生涯规划各阶段特征。

表 6—1　职业生涯规划各阶段特征

特征＼阶段	职业探索阶段	职业立业阶段	职业维持阶段	职业离职阶段
员工要求	1. 第一需求是想得到一份理想工作 2. 想努力适应工作环境，成功完成本职工作 3. 想做出改变职业和工作单位的决定	1. 选择专业和决定应承担义务的程度 2. 确定专业和组织的一致性 3. 重新确定职业的进程和发展目标，并做出选择	1. 担当更大的责任 2. 缩减在某一方面所承担的义务 3. 指导和帮助关键性的员工	考虑退休问题，逐步结束工作
开发任务	1. 了解与评价职业和组织的信息 2. 了解个人兴趣、技能，使自己与工作相匹配 3. 搞好人际关系，学会与人沟通	1. 开发更为宽广的职业和组织 2. 了解如何自我评价的信息 3. 了解如何正确处理工作、家庭和其他利益之间的矛盾	1. 更新自己的专业知识和技能，继续做出成绩 2. 提高自己的管理水平 3. 了解如何合理安排工作，避免被工作所控制	退休计划，在工作和非工作中找到平衡，培养自己的兴趣爱好
员工岗位	实习生、新员工	老员工、基层或中层管理人员	老员工、中高层管理人员	元老、顾问
员工年龄	涉足工作到 20 多岁	30 ~ 45 岁	45 ~ 60 岁	60 岁以上
工作年限	少于 2 年	2 ~ 15 年	15 ~ 30 年	30 年以上

三、职业生涯规划的制订

员工要想取得良好的职业发展，就必须制订好职业生涯规划，以此来决定职业选择、完成、发展和变化。职业生涯规划由自我评估、工作检验、目标设置和行动计划四个部分组成。

1．自我评估

自我评估指员工通过各种信息来确定自己的职业兴趣、价值观、性格和行为倾向。员工进行自我评估既是个人职业活动的起点，也是个人职业活动的基础。自我评估可以加深自我认识和明确定位，而且能够体察自己在工作中的发展、进步和变化。

2．工作检验

工作检验指员工从组织中获得目前在工作岗位表现的各种信息资料（包括工作绩效评估资料，有关晋升、加薪或推荐等方面的情况），了解组织如何评价其知识、技能等情况，以及员工该如何适应组织的人事计划（如潜在的晋升机会或岗位调动等)。

3．目标设置

根据自我评估和工作检验，确定目标。目标设置是指员工形成近期和长期职业生涯目标的过程。目标设置通常包括工作岗位、理想职位、技能水平、业务水平等，如原来从事前厅预订员工作，两年之内调到公关销售部工作；现从事销售主管工作，3 年之内晋升为销售经理；目前烹饪技术是中级工水平，3 年之内要达到高级工水平等。

4．行动计划

行动计划指员工为了达到近期或长期职业生涯目标应采取的措施和方法，包括参加行业培训、参加技能竞赛、成人函授或自考学习、申请空缺职位等。

思考与练习

1. 简述影响员工流动的五个基本要素。
2. 饭店人力资源规划具体内容包括哪些方面?
3. 简述员工内部和外部招聘的优劣。
4. 什么是培训需求分析?
5. 请为自己设计一份 5 年职业生涯规划。

第七章 饭店服务质量管理

饭店服务质量主要包括劳务服务质量、设备设施质量、实物产品质量、服务环境质量四个方面的内容。其中劳务服务质量是无形的，而其他三个方面是有形的，它们是服务质量的载体。劳务服务质量的无形性体现了饭店服务工作的特色，无形的劳务服务质量与有形的设备、环境和实物产品有机结合，便构成了饭店的服务质量。

学习目标

☆了解饭店服务质量的概念、内容及要素。

☆熟悉饭店全面质量管理的含义和内容。

☆了解饭店质量分析方法和管理方法。

☆掌握饭店顾客投诉与处理的基本知识。

第一节　饭店服务质量概述

一、饭店服务质量的概念

饭店服务质量是指饭店企业以其所拥有的设施设备为依托，为顾客所提供的服务在使用价值上适合和满足顾客物质和心理需要的程度。所以，饭店提供的服务既要满足顾客生活的基本需要，即物质上的需求，还要满足顾客的心理需要，即精神上的需求。而所谓适合，是指为顾客提供服务的使用价值能否为顾客所接受和喜爱。所谓满足，是指该种使用价值能否为顾客带来身心愉悦和享受。

因此，饭店服务的使用价值适合和满足顾客需要的程度高低即体现了饭店服务质量的优劣。饭店服务的使用价值适合和满足顾客的程度越高，饭店服务质量就越好；反之，饭店服务质量就越差。

饭店服务质量主要包含劳务服务质量、设备设施质量、实物产品质量、服务环境质量四个方面内容。其中劳务服务质量是无形的，而其他三个方面是有形的，它们是服务质量的载体。劳务服务质量的无形性体现了饭店服务工作的特色。无形的劳务与有形的设备、环境和实物产品有机结合，便构成了饭店的服务质量。饭店服务质量管理的目的，就是使服务质量得到全面提高。饭店服务质量的构成如图 7—1 所示。

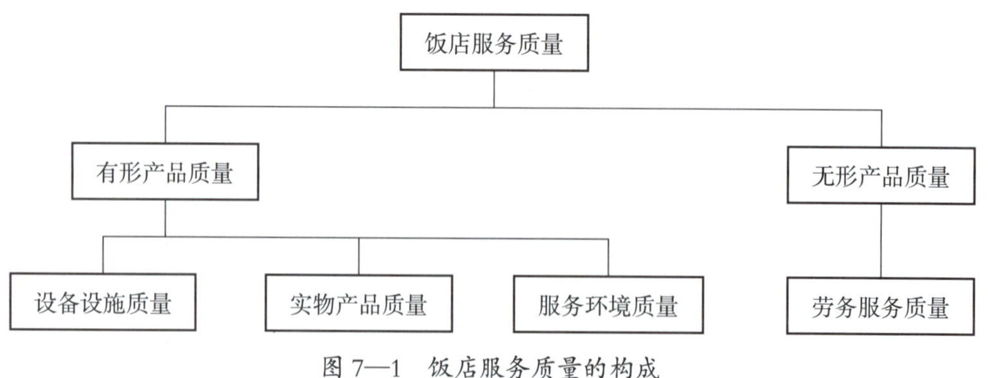

图 7—1　饭店服务质量的构成

二、饭店服务质量的具体内容

1．劳务服务质量

饭店的劳务服务质量是指饭店员工为顾客提供服务时表现的行为方式，是饭店服务质量的本质体现，包括礼节礼貌、职业道德、服务态度、服务技能、服务效率、服务项目、清洁卫生等。

（1）礼节礼貌

礼节礼貌是整个劳务服务水平中最重要的部分，它要求饭店服务人员具有端庄的仪表仪容、文雅的语言谈吐、得体的行为举止等。礼节礼貌是人际关系的润滑剂，反映了一家饭店的精神风貌，体现了饭店员工对顾客的基本态度。

（2）职业道德

饭店服务人员应遵循“热情友好，顾客至上；真诚公道，信誉第一；文明礼貌，优质服务；不卑不亢，一视同仁；团结协作，顾全大局；遵纪守法，廉洁奉公；钻研业务，提高技能”的旅游职业道德规范，做到敬业、勤业、乐业。

（3）服务态度

服务态度是服务人员在对客服务中体现出来的主观意向，其表现的好坏完全取决于员工的主动性、积极性、责任感、创造性和素质，具体要求是真诚，主动、热情、周到。

（4）服务技能

服务技能是指饭店服务人员在提供服务时显现的技巧和能力，其高低取决于服务人员的专业知识和操作技术。服务技能主要包括操作技能、推销技能、沟通技能、处理特殊问题的技能等。

（5）服务效率

服务效率是指在服务过程中的时间概念和工作节奏。它应根据顾客的实际需要灵活掌握，要求服务人员在顾客最需要某项服务时即时提供。因此，服务效率并非仅指快速，它还强调适时服务。

（6）服务项目

饭店所能提供服务项目数量的多少，反映了饭店的档次水平和服务质量的高低。饭店在条件具备的情况下，应提供尽可能多的服务项目。同时，饭店的服务项目要千方百计地适应和满足顾客的需要。

（7）清洁卫生

清洁卫生工作是饭店优质服务的基本要求，是饭店业务工作的重点之一。清洁卫生状况不仅直接影响顾客的身心健康和旅居生活质量，也反映了饭店管理水平和企业素质的高低。

案例分析

酒店服务态度决定一切

案例 1：某饭店，一位顾客进入餐厅坐下，桌上的残汤剩菜还没有收拾。顾客耐心等了一会儿也不见动静，只得连声呼唤，又过了一会儿，服务员才姗姗而来，收拾起来慢条斯理。顾客问有什么饮料，服务员低着头，突然一连串地报上八九种饮料的名字，顾客根本无法听清，只得斗胆问上一声："请问有没有柠檬茶？"服务员不耐烦地说："刚才我说有了吗？"说罢，扭头就走。顾客茫然不知所措。服务员这一走，仿佛"石沉大海"，10 多分钟过去了，再不见有服务员前来，顾客不得不站起来喊服务员。当问服务员为什么不上来服务时，服务员真是"语惊四座"："你举手了吗？你到过这饭店吗？难道连举手招呼服务员这样起码的常识都不知道吗？"这一番话终于使顾客愤然离去。

案例 2：某饭店中餐厅午餐时间，几位顾客落座之后开始点菜，并不时地向服务员征询意见，结果费了半天劲儿，服务员应顾客要求所推荐的餐厅拿手菜和时令菜顾客们却一个都没点，仍然问这问那。服务员说："几位初次到本餐厅吧，对这里的菜肴品种特色也许还不大了解，请不要着急，慢慢地挑。"几位顾客终于点好了菜，还没等服务员转身离去，顾客们又改变了注意，要求换几个菜。等服务员再次转身离去，顾客们又改变了注意，要求换几个菜。顾客们自己都觉得不好意思了，服务员仍然微笑着说道："没关系，让您得到满意的服务是我们的责任和义务。"亲切热情的语言，使顾客深受感动。

分析提示：在酒店行业中，服务态度对做好服务工作具有重要的作用，上面两个案例从正反两方面说明了这个问题。要使酒店服务人员在服务中表现出良好的服务态度，必须做到：

1. 自我尊重

如果服务人员不能正确对待自己所做的服务工作，那他就不可能有强烈的服务意识，更不会主动热情地为顾客服务。如果一个服务员认为自己干服务工作不光彩，低人一等，他必然因自卑感而厌恶服务工作。当他深感顾客有不尊重自己的迹象时，就会以维护自己的尊严为由而与顾客据理相争，或态度粗暴表现出不耐烦等。

2. 自我提高

服务人员要努力提高自己的文化修养，职业修养和心理素质。因为一个人的文化知识与职业知识能让人眼界开阔，理智成分增强，从而影响其职业观念和处世态度。良好的心理素质如忍耐力、克制力和稳定乐观的心境，能使一个人主动自觉地形成和保持良好的服务态度。

3. 完善服务行为

服务行为常被顾客称为服务态度，它常表现在服务表情、服务举止和服务语言三方面。为此，完善服务行为，一是要求服务人员有愉快的表现，有发自内心的自然微笑；二是要求服务人员站立姿势要挺直、自然、规矩，行走时要平稳、协调；三是要求服务人员有良好的语言表达能力。

4. 改善服务环境

良好的服务环境会使服务人员产生愉快的情绪，愉快的情绪会使服务人员表现出良好的服务态度，如果一个酒店环境条件差，工作无秩序，干群关系紧张，同事之间关系不协调，必然会使服务人员情绪低落，一旦这种情绪传染给顾客，就会形成一种失礼的服务态度。

2. 设备设施质量

饭店的设备设施是饭店赖以生存的基础，是饭店为顾客提供服务的必备条件，是饭店服务质量的重要内容。设备设施是饭店星级档次的基础，也是顾客评价饭店服务质量的首要对象。饭店缺乏必要的设备设施条件，提高服务质量就要受到限制。饭店设备设施质量的具体要求如下：

（1）设备设施的设置要科学，结构合理，性能良好。

（2）设备设施的配置要齐全、完整，且方便操作。

（3）建有严格、高效的设备设施维修保养制度。

3. 实物产品质量

饭店实物产品质量是指饭店提供的有形物品的质量，是满足顾客物质消费的直接体现，是饭店服务质量的重要内容，主要包括菜点酒水质量、客用品质量、服务用品质量等。

（1）菜点酒水质量

餐饮管理者必须认识到饮食在顾客的心目中占有的重要位置以及不同顾客对饮食的不同要求，如有的顾客为求满足其新奇感而品尝名菜佳肴，而有的顾客只为了寻求符合口味的食品而喜爱家常小菜。但无论哪种顾客，他们通常都希望餐饮饮食产品富有特色和文化内涵，要求原料选用准确，加工烹制精细，产品风味适口等。另外，饭店还必须保证饮食产品的安全卫生。菜点酒水质量是餐饮实物产品质量的重要构成内容之一。

（2）客用品质量

客用品也是实物产品的一个组成部分，它是指饭店直接供顾客消费的各种生活用品，包括一次性消耗品（如牙签等）和多次性消耗品（如棉织品、餐酒具等）。客用品质量应与饭店星级相适应，避免提供劣质客用品。饭店提供的客用品数量应充裕，能够满足顾客需求，而且供应要及时。另外，饭店还必须保证所提供客用品的安全与卫生。

（3）服务用品质量

服务用品质量是指饭店在提供服务过程中供服务人员使用的各种用品，如房务工作车、餐车、托盘等。服务用品是提高劳动效率、满足顾客需要的前提，也是提供优质服务的必要条件。服务用品质量要求品种齐全、数量充裕、性能优良、使用方便、安全卫生等。管理者对此也应加以重视，否则，饭店也难以为顾客提供令其满意的服务。

4．服务环境质量

服务环境质量就是指饭店设施的服务气氛给顾客带来感觉上的享受感和心理上的满足感。它主要包括独具特色的建筑和装潢，布局合理且便于到达的服务设施和服务场所，充满情趣并富有特色的装饰风格，以及洁净无尘、温度适宜的环境和仪表仪容端庄大方的服务人员。所有这些构成饭店所特有的环境氛围。它在满足顾客物质方面需求的同时，又可满足其精神享受的需要。

通常对服务环境质量的要求是：整洁、美观、有秩序和安全。在此基础上，还应充分体现出一种带有鲜明个性的文化品位。

三、饭店服务质量的要素及衡量标准

饭店服务质量由可靠性、反应性、保证性、移情性和有形性五个基本要素构成，同时这五个要素也成为饭店服务质量的衡量标准。饭店服务质量的衡量标准及示例见表 7—1。

表 7—1　　饭店服务质量的衡量标准及示例

基本要素	内容	衡量标准	示例
可靠性	在服务中严格按照饭店服务规程和制度操作	为顾客提供可靠、安全的服务	简单精确，保存准确的记录，按指定时间提供服务，服务效率高
反应性	指为饭店顾客提供各种服务的愿望及反应的快慢程度	员工愿意提供服务的程度	提供即时服务，快速回复顾客的要求
保证性	饭店员工所具有的知识、礼节，以及表达出自信与可信的能力	员工的知识、传达信赖与信心的能力	使顾客产生安全感和信任感
移情性	设身处地地为饭店客人着想并对他们给予充分的关注	对顾客的关照	了解顾客的具体需求，为顾客着想，对客人关怀备至
有形性	有形的设施、设备、人员和沟通材料的外在形式	服务的有形保证	有形设备，员工外表，提供服务工具的形式，如床头的晚安卡，力求给顾客以美感与关爱

第二节　饭店服务全面质量管理

一、饭店服务全面质量管理的含义

全面质量管理（Total Quality Control，简称 TQC）是 20 世纪 60 年代初期首先由美国质量管理专家费根堡等人提出的。全面质量管理的基本思想是以质量为中心，以全员参与为基础，以全过程为目标，树立为顾客服务的思想和以预防为主的原则，使本组织成员和全社会受益而达到长期成功的管理途径。

现代饭店的全面质量管理，是从饭店系统的角度出发，把饭店作为一个整体，从饭店服务的全方位、全过程、全人员、全方法、全效益入手，以提供最优服务为目的，以质量为管理对象，采用一整套质量管理体系、技术和方法而进行的系统的管理活动。

二、饭店服务全面质量管理的内容

1. 饭店全方位质量管理

饭店全方位质量管理是指饭店内部的各个部门和外部有关的行业为顾客提供的各个方面服务的质量管理。全方位服务质量管理包括饭店前台接待部门、后台业务部门、各职能部门，以及饭店外部有关的饭店和物资供应部门（如食品、酒水、能源、旅行社、交通等）的服务质量管理。因此，对各部门各环节都要进行严格的质量管理。

2. 饭店全过程服务质量管理

饭店全过程服务质量管理是指对饭店的各项服务从预备阶段到服务阶段、服务后阶段所采取的具有相关性和连续性的管理。这三个阶段是一个完整的过程，对服务工作全过程各个环节进行管理，形成一个综合性的质量体系。

3. 饭店服务全员质量管理

饭店服务全员质量管理主要是指各级管理人员、决策人员、操作人员、服务人员等的人才素质管理和质量管理，它贯穿于饭店各层级人员执行饭店质量计划、完成质量目标的过程之中。提高和保证服务质量，必须进行全员性动员，要求各个岗位、每一个员工都能以高度的责任感和合格的技能来保证本职工作的质量。

4．饭店服务全方法质量管理

饭店服务全方法质量管理主要指采用多样性和全面性的管理方法，以达到服务高质量的目的。为了有效地控制各影响因素，必须广泛、灵活地运用各种现代化管理方法，如目标管理方法、数理统计方法、PDCA 工作法、ISO9000 族标准方法等。此外，还要把心理学、社会学及美学等相关学科应用于饭店的全面质量管理之中，以提高管理的针对性和有效性。

5．饭店服务全效益质量管理

饭店服务全效益质量管理主要指饭店服务既要追求经济效益，又要注重社会效益和环境效益，并尽可能地把三者结合起来。提高服务质量，目的在于创造更大的经济效益，使饭店在市场竞争中立于不败之地。饭店服务在创造经济效益的同时，也要兼顾社会效益和环境效益。从本质上讲，创造社会效益和环境效益，既有利于社会发展和生态环境保护，同时也有利于提高饭店声誉，为饭店带来更多的客源。

三、饭店服务全面质量管理的基础工作

提高饭店质量水平，必须从饭店全面质量管理的基础工作抓起。现代饭店就是通过一系基础工作的操作与实施而达到饭店的全面质量管理。饭店全面质量管理基础工作的内容主要包括标准化、程序化和制度化。

1．标准化

标准化是指饭店在向顾客提供各种具体服务时所必须达到的一定标准。在饭店接待服务过程中，顾客总是希望饭店提供尽可能多和尽可能好的服务。而饭店考虑到成本和效益，又不可能无条件地满足顾客的一切要求，同时，服务人员的劳动也需要有一个客观的依据和标准，这就需要实行标准化管理。

标准化的建立既为顾客提供了一个衡量饭店所提供的服务是否符合价值规律的客观依据，又为服务人员的劳动和饭店服务质量检查提供了一个尺度。实行标准化要求饭店的设备配置、产品质量、服务水平和饭店的等级规格相一致。

标准化对质量管理是至关重要的，质量管理用标准作为依据，标准化则为质量管理提供管理目标，标准中规定的指标就是质量管理的根据。

2．程序化

程序化是指接待服务工作的先后次序，它以标准化为基础，通过服务程序使饭店的各项服务工作有条不紊地进行。

饭店的全面质量管理是一种系统管理，作为一个系统，它由许多因素组成。这些因素之间的纵向联系和横向关系，都有其内在的规律性，先做哪个工序、

后做哪个工序更适合消费者的心理，更合乎事物规律，这就有个优选排列。程序化就是以标准化为基础，把这个优选排列找出来并使之固定化，成为接待服务工作的程序，从而为提高服务质量提供客观准则。

服务程序的制定要以顾客感到舒适、方便为原则，而不能仅以服务人员自己的方便、轻松为基点。因此，程序要经试行，并逐步修改使其完善，最后达到科学合理、提高服务质量的目的。

3．制度化

制度化是指饭店要用规章制度的形式把饭店内部服务质量的一系列标准和程序固定下来，使之成为质量管理的重要组成部分。饭店服务质量管理的制度主要有两类：一类是直接为顾客服务的各项规章制度，如住宿登记制度、结账制度等；另一类是间接为顾客服务的各项规章制度，如交接班制度、考勤制度等。

制度化作为全面质量管理的基础工作，它可确保标准化和程序化得到贯彻执行。例如，饭店在旅游旺季时，当设施利用率超过了一定限度时，服务工作量势必大量增加，如果没有制度保证，就可能偷工减料、马虎从事、降低质量标准。相反，在标准化与程序化的基础上，有了严格的制度，就必须按制度和标准办事，切实提高服务质量。所以，制度化使饭店的服务质量管理有章可循，这就为服务质量管理提供了保证，有利于贯彻预防为主的方针。

第三节　饭店服务质量分析和管理方法

一、质量分析方法

影响饭店质量的因素很多，但可以归纳为五大类：员工、设施设备、原材料、方法、环境。当饭店质量出现问题时，常采用排列图法和因果分析图法这些因素分析法进行分析，找出质量问题的原因，然后予以克服。

1．排列图法

排列图又称主次因素分析图或帕累托（Pareto）图。意大利经济学家帕累托在分析社会财富占有情况时，首先有排列图表示“关键的少数和次要的多数”的关系。后来这一法则被广泛应用于包括质量管理在内的各个领域，又被称为ABC 分析法。运用排列图法，可以找出饭店存在的主要质量问题。

排列图的画法如下：

（1）收集一定时间的服务质量问题数据，并进行分类。现以某饭店 2015 年顾客对前厅服务的投诉统计为例，见表 7—2。

表 7—2　　某饭店 2015 年顾客对前厅服务的投诉统计

项目 / 原因	问题数量（次）	占总数比率（%）	累计比率（%）
服务效率	100	50	50
服务态度	64	32	82
语言水平	22	11	93
设备设施	14	7	100
总计	200	100	

（2）算出每一项在总数中所占比率和累计比率，填入排列表中。

（3）画出排列图的一个横坐标和两个纵坐标。横坐标表示项目，左纵坐标表示频数，右纵坐标表示频率。

（4）将分类项按频率大小在横坐标上依次排列，各项直方高度按其频率画出。

（5）将累计百分数对应于右边纵坐标的相应位置，在各直方右边线上或其延长线上描出点系，顺次连接成折线，得出如下排列图（见图 7—2）。

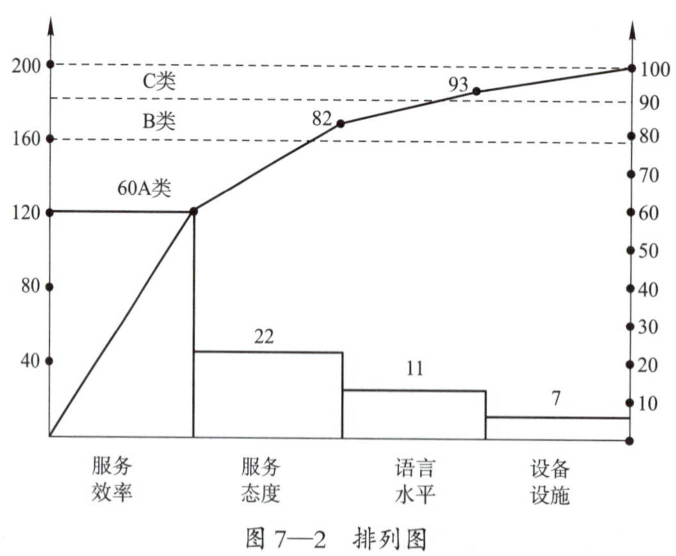

图 7—2　排列图

从排列图可清楚看到哪几个原因对质量影响最大，前多少项包含了60%以上内容，对哪些项目采取措施后可使质量问题得到解决。

2. 因果分析图法

用排列图法找出了饭店的主要质量问题后，往往还无法解决。因为这些问题常常是由较小的原因造成的，而较小原因又是更小原因所形成，这就是层次分析，即找出能采取措施的具体原因。为了清楚地显示诸因素之间的关系，可采用因果分析图。因果分析图法是分析质量问题产生原因的简单而有效的方法。

因果分析图的画法如下：

(1) 集思广益，寻找原因。针对影响前厅服务质量的主要问题——服务效率，组织有关人员进行讨论，把所有因素罗列出来。

(2) 加工整理。把原因分门别类，按从属关系填入因果分析图中。表明主要原因是由哪些较小因素造成。最后细分出来的原因必须非常具体，能够采取措施进行解决。根据这些原因即可设置控制点。

(3) 根据分析出来的原因，到现场核实，进入PDCA循环。循环结束后再作排列图检验效果。因果分析图如图7—3所示。

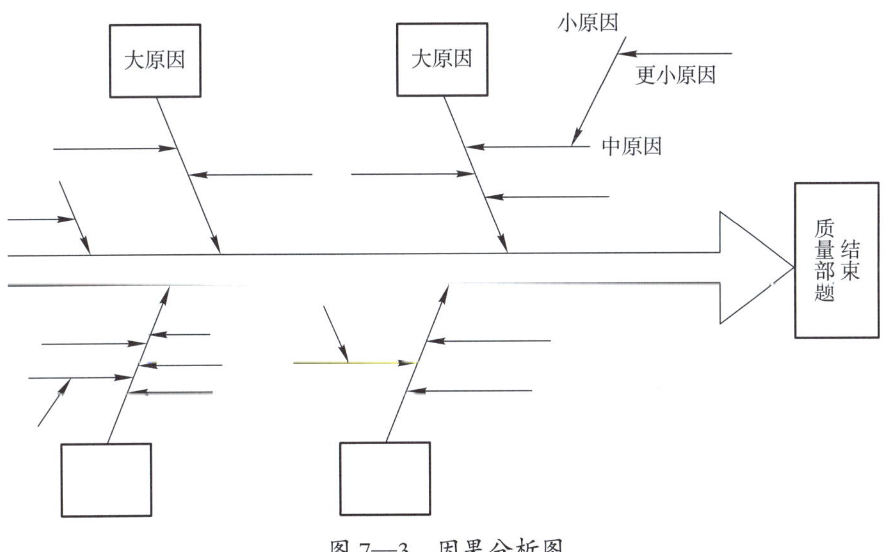

图7—3　因果分析图

二、质量管理方法

在现代饭店的质量管理中，通常采用PDCA循环法对饭店的服务质量进行控制和管理。

PDCA循环法是一种质量控制的循环方法。在饭店质量管理与控制中，PDCA循环法是一种很科学的管理程序，同时也是一种很科学的工作程序。这四个英文字母，分别代表计划（Plan）、执行（Do）、检查（Check）、处理（Action）。在工作程序Plan → Do → Check → Action过程中：Plan即规定必须达到的质量要求和目的；Do即执行各项任务以保证计划完成；Check即检查执行结果，发现问题，准备改进；Action即处理质量保证过程中发生的问题。这四个步骤不断循环，质量可以不断上升到新的水平。

1. 计划阶段

计划阶段以适应顾客需求，取得最佳经济效益和良好的社会效益为目标，通过调查制定质量目标、管理目标，以及达到这些目标的具体措施和方法：

（1）分析现状，找出存在的质量问题。

（2）分析产生质量问题的各种因素。

（3）分析影响质量的主要因素。

（4）针对影响质量的主要因素，制订改进计划，提出活动措施。

2. 执行阶段

执行阶段按照计划落实措施，运用目标管理方法，有条不紊地付诸实施。同时，根据计划实施的实际情况，及时发现问题并立即加以纠正，以保证计划有效地执行。

3. 检查阶段

检查阶段对照计划检查实施的情况和效果，及时发现问题。检查应有科学性，可运用控制图、调查表、抽样检验等工具。同时，检查执行情况也要全面客观地分析各种影响因素，对计划内容的合理性做出符合实际的评价。

4. 处理阶段

根据检查结果总结成绩，找出差距，转入下一轮循环，以便改进工作。

（1）根据检查结果进行总结，把成功的经验和失败的教训都纳入有关标准、制度和规定，巩固成绩，防止重犯错误。

（2）找出这一循环尚未解决的问题，也就是遗留问题，将其纳入下一次PDCA循环。如此延续下去，应成为无止境的PDCA循环运动，如图7—4所示。

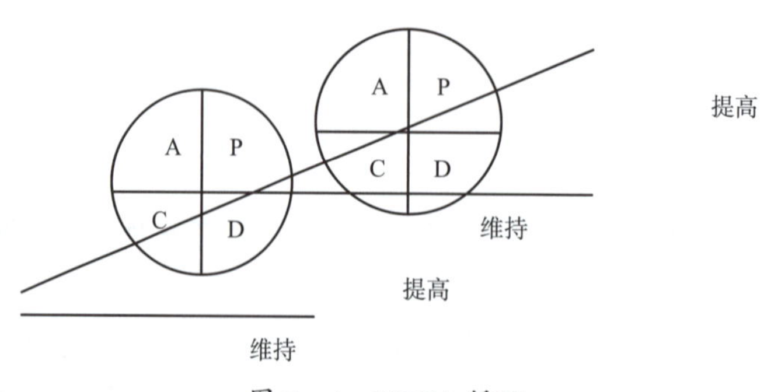

图7—4 PDCA循环

第四节　顾客满意与顾客价值

一、顾客满意

顾客满意（Customer Satisfaction，简称 CS）是现代饭店的一种整体经营手段，CS 战略也被称作顾客满意战略。

顾客满意是指饭店为了使顾客能完全满意自己的产品或服务，综合而客观地测定顾客的满意程度，并根据调查分析的结果，整个饭店共同来改善产品、服务及饭店文化的一种经营战略。

顾客满意通常包括三方面的满意：一是买到喜欢而满意的商品；二是接受良好而满意的服务；三是心理上得到满足，如个性、情趣、地位、生活方式等。

1．顾客满意的基本含义

（1）顾客第一

顾客第一就是经营者真正做到从思想上到行动上把顾客当作“上帝”，在生产经营活动的每一个环节，都必须眼里有顾客，心中有顾客，全心全意地为顾客服务，最大限度地让顾客满意。

（2）顾客总是对的

顾客满意要求饭店员工必须遵守三条原则：一是应该站在顾客的角度考虑问题，使顾客满意并成为可靠的回头客；二是不应把对产品或服务有意见的顾客看成是故意挑剔的顾客，应设法消除他们的不满，获得他们的好感；三是应该牢记，同顾客发生任何争吵或争论，饭店绝对不会是胜利者，因为饭店会失去顾客，同时也就意味着失去利润。

知识链接

美国学者调查表明，每有一名通过口头或书面直接向公司提出投诉的顾客，就有约 26 名保持沉默且感到不满意的顾客。这 26 名顾客中的每个人都有可能会对另外 10 名亲朋好友造成消极影响，而这 10 名亲朋好友中，约有 33% 的人有可能会再把这种不满信息传递给另外 20 人。也就是说，只要一名顾客对饭店不满意，就会导致（26×10）+（10×33% ×20），即 326 人的不满意，可见影响之深远，后果之严重。

（3）员工也是上帝

饭店应该善待员工，这样才能使员工善待顾客，令顾客满意。饭店应该满足员工求知的需要、发挥才能的需要、享有权利的需要和实现自我价值的需要，关心和爱护员工，调动员工的积极性，激发员工的奉献精神，树立员工的自尊心，使员工真正成为推进饭店的顾客满意战略、创造顾客满意的主力军。一句话，饭店应该用希望员工对待顾客的态度和方法对待员工。

专题活动

全班分成两个小组，就酒店中是员工第一还是顾客第一进行辩论。

2．饭店顾客满意的构成

在横向层面上，饭店顾客满意包括五个方面：

（1）理念满意

理念满意即饭店经营理念带给顾客的满意状态，它包括经营宗旨满意、经营哲学满意和经营价值观满意等。

（2）行为满意

行为满意即饭店全部的运行状况带给顾客的满意状态，包括行为机制满意、行为规则满意和行为模式满意等。

（3）视听满意

视听满意即饭店的形象给顾客的满意状态，包括饭店标志（名称和图案）满意、标准字满意、标准色满意，以及三个基本要素的应用系统满意等。

（4）产品满意

产品满意即产品带给顾客的满意状态，包括产品质量满意、产品功能满意、产品设计满意、产品包装满意、产品品位满意和产品价格满意等。

（5）服务满意

服务满意即饭店服务带给顾客的满意状态，包括绩效满意、保证体系满意、服务的完整性和方便性满意，以及情绪和环境满意等。

在纵向层次上，饭店顾客满意包括三个逐次传递的满意层次，如图 7—5 所示。

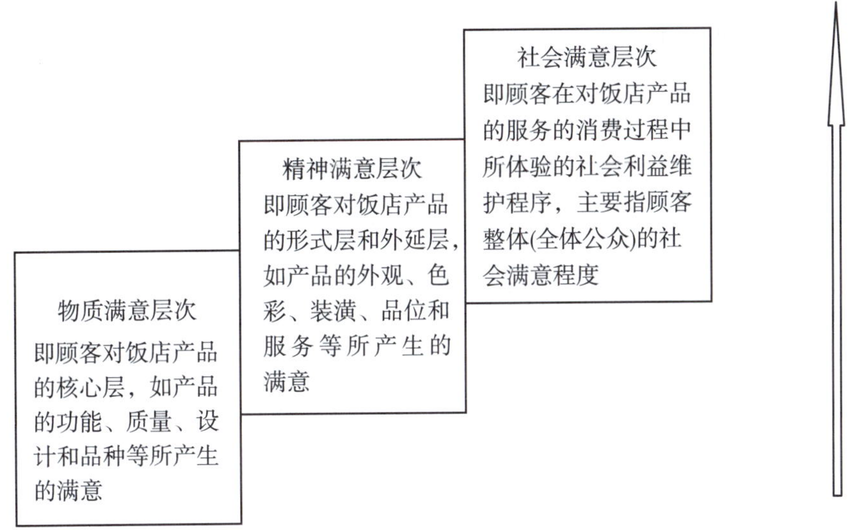

图 7—5　饭店顾客满意的三个逐次传递的满意层次

3. 建立顾客满意级度

顾客满意级度是顾客在消费了饭店的产品和服务后所产生的心理满足状态等级体系，英文称为 Customer Satisfaction Measurement，简称 CSM。

顾客满意级度可用顾客满意轴来表示，如图 7—6 所示。

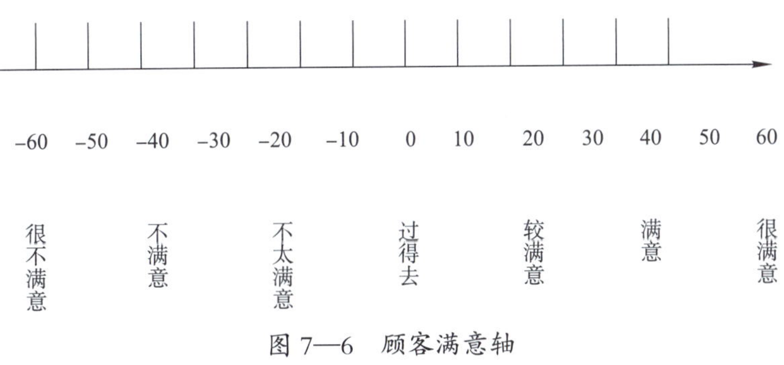

图 7—6　顾客满意轴

顾客满意轴把顾客的满意水平划分为七个等级：很不满意、不满意、不太满意、过得去、较满意、满意、很满意。七个满意等级的分值分别为 −60、−40、−20、0、20、40、60，分数的总和为零。

建立顾客满意级度的目的是为了更好地测定顾客对饭店的满意度，或顾客对饭店的产品或服务的满意度。在实际操作中，可以设定可能影响顾客满意的各个项目，让顾客根据自己的感受和评价，按照顾客满意轴的标准给每个项目打分，然后用下面的公式进行计算：

顾客满意分值＝各项目的顾客评分之和 × 项目的数量

4. 顾客满意经营

顾客满意经营是通过饭店推行顾客满意战略来提高顾客满意度的经营方式。顾客满意经营是指饭店为了使顾客能完全满意饭店的产品和服务，综合而客观地测定顾客的满意度，并根据满意调查结果，整个饭店共同来改善产品、服务和饭店文化，提升饭店形象的一种经营战略。顾客满意经营的本质要求饭店必须做到以下几点：

（1）真心实意以顾客为中心

当前许多饭店虽然强调“以顾客为中心”的理念，但实际做的仍然是“饭店中心论”，他们仍然以饭店的利益为第一。因此，饭店在推行顾客满意经营的过程中，必要时甚至可以牺牲饭店经营上的便利和利益，从长远来看，得到的是更大的回报。

（2）定期、定量、综合测定顾客满意度

许多饭店都进行过顾客满意度调查，但许多饭店的调查表内容过于简单或应付，并不能掌握顾客实际的满意程度，也显示不出饭店以顾客为中心的诚意。为了便于获取结果，或为了向上级显示自己的业绩，甚至还有不少调查出现诱导式的问题，这就失去了调查的客观性和真正意义。

现在的顾客关心的主题不断发生变化，如果不站在顾客的立场来观察和了解顾客最关心的事，并建立起顾客满意度的结构，就可能失去顾客。因此，定期而且持续地实施顾客满意度的测定，并与以前的结果进行比较，才能明确地掌握什么地方进步与退步。

（3）经营者和管理者是顾客满意经营的主导者

饭店的经营者和管理者不仅应关注顾客满意度的测定过程，更要重视顾客满意度的测定结果，并带头进行认真的检讨，然后迅速采取行动，对饭店的产品或服务进行改进。这要求经营者和管理者能重视这些结果，并根据饭店的具体情况，采取相应的决策，以从整体上进行管理与创新，获得顾客的认可。

二、顾客价值

顾客通过与其他饭店的产品或服务相比，会形成对一家饭店产品或服务的认知，这就是市场认知质量。市场认知质量与饭店产品或服务价格的比值就是顾客价值。

饭店提升顾客价值的方法有：

第一，进行顾客价值调查研究，了解本饭店在顾客心目中的排名行情，做法包括与焦点群座谈、问卷调查等，然后针对不如竞争对手的项目提出改善方案。

第二，学习顶尖饭店赖以领先的各种观念、态度、运作方法、制度和技术。

第三，训练员工确认顾客价值的重要性与相关方法。

第四，建立注重服务质量的饭店文化，奖励服务绩效优良的员工，激发员工的服务热情。

第五，改善提供服务的设备与作业流程，修改或废止过时的规定和作业程序，加速达成顾客满意。

三、顾客投诉与处理

1．顾客投诉的类型

根据顾客投诉所表现的形式，可以把顾客的投诉分为三种类型：

（1）理智型顾客投诉

理智型顾客在饭店内下榻，如果受到某种冷遇服务或某种较为粗鲁的言行或某种不礼貌的服务，会产生不满，但这种顾客不会明显流露，更不会因此而发怒。这类顾客多数受过良好的高等教育，既通情达理，又会在发生问题时冷静和理智地对待问题。因此，这类顾客的投诉问题比较容易处理。对此类顾客表示同情，并立即采取必要的措施，解决他们提出的问题，他们便会发出感谢之语。

（2）失望型顾客投诉

失望型顾客投诉的主要问题是顾客在饭店事先预订的服务项目，如电话预订客房、预订餐位、送餐、叫醒等因饭店粗心服务而被忘却、失约。这种情况会引起顾客的失望、不满甚至发火。处理此类投诉问题，首先要道歉，再采取必要的补救措施，使他们消火、息怒。

（3）发怒型顾客投诉

发怒型顾客在饭店受到不热情、不周到的服务时，或碰到服务人员的粗鲁言行接待，或受到冷遇时，会怒气冲冲，并以较高的怒声、不停的手势以及快速的脚步移动与服务人员讲道理、评事由，并要求饭店承认过失。对于发怒型顾客的投诉问题，首先要使他们息怒、消气，然后再认真听取他们的批评意见，并采取相应的解决措施。

2．顾客投诉的处理

顾客的投诉，部分是住店期间当面提出的（即口头投诉），也有些是离店后来函、来电进行的。针对这三种投诉，处理方法如下。

（1）口头投诉的处理方法

1）礼貌、虚心地接待投诉的顾客。

2）对情绪激动的顾客，首先选择一个合适的场所，避免在公共区域进行处理，以免影响饭店的正常营业，破坏饭店的宁静气氛。

3）安抚顾客激动的情绪。

4）认真听取顾客的投诉，不随便打断顾客。

5）认真做好记录，特别注意记下顾客叙述的要点，如原因、经过等情况。

6）表示同情和理解，并向顾客做出委婉的解释。

7）向顾客提出可行的解决方案，并征求顾客对方案的意见。

8）明确告诉顾客解决问题所需要的时间，并请顾客谅解。

9）认真落实。落实之前，了解被投诉员工，进一步弄清事情真相。

10）征求顾客对处理结果的意见，并向顾客表示感谢。

11）将解决投诉的全部经过记录存档，并做好总结分析。

（2）书面投诉的处理方法

1）认真阅读投诉信件，了解顾客的投诉内容。

2）查阅投诉顾客的住店记录及有关顾客住店资料等情况。

3）调查被投诉员工，了解事情发生的全过程。

4）尽快与顾客取得联系，或主动登门拜访，向顾客解释或道歉。

5）如果顾客已经离店，应由有关部门起草致歉信，总经理签字后及时寄出。

6）将顾客的投诉信件与饭店的致歉信复印件一并存档。

（3）电话投诉的处理方法

1）静听客人说话，并记下顾客姓名、住店日期和投诉内容等情况。

2）若顾客还在饭店，可拜访顾客并详细了解事件经过。

3）在没有全面了解事情真相之前，应当先向顾客表示歉意，并留下顾客的电话号码或通信地址。

4）约见被投诉的员工，了解事情真相。

5）将顾客的投诉内容及向员工了解的情况汇报上级，并由上级做出处理意见。

6）根据事件性质和顾客的要求，向顾客通报饭店对投诉的处理意见，以取得顾客的谅解。

7）将顾客投诉电话记录及饭店处理意见一并存档。

专题活动

角色扮演：某饭店，服务员因粗心，忘记早上叫醒顾客，顾客表现为理智型顾客、失望型顾客或发怒型顾客。

一位学生扮演不同类型顾客，一位学生扮演服务员，观察服务员的表情及对客方式。

思考与练习

1. 简述饭店服务质量的基本内容?
2. 什么是饭店全面质量管理?它主要包括哪些内容?
3. 试述饭店全面质量管理基础工作的主要内容?
4. 简述制定饭店服务质量标准应注意的问题?
5. 试述 PDCA 循环法的四个步骤?
6. 饭店提升顾客价值的方法主要有哪些?

全国中等职业技术学校饭店服务专业教材

- 饭店管理基础知识（第三版）
- 菜肴基础知识及营养卫生（第四版）
- 饭店服务礼仪（第三版）
- 前厅服务（第三版）
- 客房服务（第四版）
- 餐厅服务（第四版）
- 形体训练（第四版）
- 中国旅游地理（第四版）
- 康乐服务（第三版）
- 饭店服务心理（第四版）
- 调酒技术（第三版）

- 饭店管理基础知识习题册
- 菜肴基础知识及营养卫生习题册
- 饭店服务礼仪习题册
- 前厅服务习题册
- 客房服务习题册
- 餐厅服务习题册
- 中国旅游地理习题册
- 饭店服务心理习题册

策划编辑／曹文轶
责任编辑／谢　亮
责任校对／洪　娟
责任设计／崔俊峰

ISBN 978-7-5167-2560-3

定价：20.00元